老謝的世界紀行

有時投資

有時旅遊

Global Travel Note

謝金河

目錄

CONTENTS

合縱連橫的亞太經合會之旅

前言・上層建築與國家經濟命運

二〇二三年十二月，我在媒體上看到兩篇影響趨勢的重要新聞。一是美國商務部長雷蒙多（Gina Raimondo）畫了一條紅線：「中國是美國最大威脅，不是朋友。」她提醒眾多美國科技領導人，不該爲了營收忘記國家安全，甚至警告輝達（Nvidia）不能爲了中國市場不斷降規和繞道。若是不聽勸阻，美國商務部很快就會採取行動。

雷蒙多的談話，逼得輝達執行長黃仁勳努力尋求分散風險之道。那陣子，他從日本、新加坡、馬來西亞奔波到越南，就是在尋找更多元的管道。不過，黃仁勳仍堅定表示，輝達會特別爲中國設計合規晶片，也會跟美國商務部談判，想辦法在雷蒙多畫定的紅線內，爲中國製造不具巨大殺傷力的晶片。

另一篇影響趨勢的新聞是，即將接替李顯龍成爲新加坡領導人的副總理黃循財，在訪問北京時堅定表示，新加坡對中國投資維持積極態度，房地產投資也將加碼。這位當時候任的新加坡總理甚至提出一個關鍵看法：「不要押注中國衰弱！」

新加坡向來親中，一直看好中國的未來，會出現這樣的看法在意料之中。不過，我倒是想起二〇一八年對外貿易發展協會爲台灣企業領導人開設的高階班，當時邀請了新加坡大學的李光耀公共政策學院（Lee Kuan Yew School of Public Policy）亞洲競爭力研究所（Asia Competitiveness Institute）陳企業所長來授課。

那天上午由我授課，下午則由陳企業負責。一整天下來，學員們議論紛紛，因爲我跟陳企業的看法完全不同。當時陳企業認爲，中國經濟日正當中，即將主宰全世界，我卻抱持著相反的觀點。時隔五年多又聽到黃循財這句話，證實新加坡的親中觀點始終如一。

二〇一八年，中國經濟確實仍處在「厲害了我的國」狀態（**編按：取自二〇一八年三月由央視製作的六集紀錄片名稱，該片講述自二〇一二年起的習近平領導政績**），但當年已是最高點。六年來，中國經濟逐漸反轉，呈現出巨大頹勢。

這種轉折讓我想起馬克思主義（Marxism）的理論框架：經濟基礎與上層建築。經濟基礎是指當代社會的生產方式，上層建築是指文化、制度與權力。簡而言之就是，上層建築往往是影響國家經濟命運的重要關鍵。

■國家體制決定經濟命運

二〇一五年，我曾帶團造訪俄羅斯；二〇一七年前往古巴，隔年完成北韓之旅。走訪這三個國家之後，我的最大心得是：國家體制決定了經濟命運。

在雷根（Ronald Reagan）時代，美國與蘇聯是主導世界的雙強，兩國冷戰更是一九八〇年代的主軸。如今，在普丁（Vladimir Putin）超過二十年的極權統治下，俄羅斯經濟實力明顯轉弱。美國的國內生產毛額總量將近二十七兆美元，經濟規模世界第一；俄羅斯卻只有兩兆出頭，經濟規模更已跌到第十一名。

二〇二二年，普丁出兵烏克蘭，原本打算三天攻下全境，結果卻深陷泥淖。戰爭直至二〇二四年仍不見終點，變成一場沒有目標的長期消耗戰。在極權獨裁架構下，整個俄羅斯只能且戰且走。一旦能源價格往下掉，俄羅斯的經濟恐怕更吃力。

當年造訪古巴時，我們的導遊是華人，雖然說著不太流利的華語，卻說了一句讓我忘不了的話：「全世界有那麼多國家，我的祖先偏偏選擇移民古巴。」這句話透露了當地人民的深深無奈。

古巴人口一千一百六十萬，全國經濟總量一千零七十億美元，對照台灣兩千三百六十萬人的七千七百八十七億美元，確實不盡理想。從一九六〇年起，古巴就是美國經濟制裁的國家，眾多物資遭到禁運。我在哈瓦那機場看到古巴人從墨西哥運回馬桶、冰箱等民生物資的罕見奇景，連當地機場的馬桶蓋也被偷個精光。極權統治加上美國制裁，迄今六十多年了，古巴經濟依然見不到明天。

二〇一八年，我們從中國丹東越過鴨綠江前往平壤。一進入北韓境內，手機只剩照相功能，沿途所見盡是金日成、金正日和金正恩的塑像。北韓導遊談到「偉大領導人」時，更會不自覺地感動掉眼；在平壤參觀化妝品工廠時，不是介紹產品有多好，而是暢談金正恩嘉言錄，還特別陳列金正恩參觀工廠時坐過的椅子。

北韓人口兩千五百九十萬人，比台灣稍微多一些，經濟總量卻只有三百二十億美元，幾乎是個與世隔絕的國度。外界對北韓的鮮明印象就是金正恩和飛彈試射，其實當地街頭乾淨、人民純樸，但只要政治體制不改，北韓的命運就不易改變。

從這三個社會主義國家回頭看看中國，經歷了江澤民與胡錦濤二十年最極致的資本主義「摸石過河」，經濟總量大幅提升。然而，走過快速奔馳的三十多年，習近平又把中國帶回極權專制的道路上。

如今，雷蒙多強調「中國是美國最大威脅，不是朋友」，已為美中關係定下基調。從俄烏戰爭開始，中國結合俄羅斯、伊朗和北韓，力挺攻擊以色列的組織哈瑪斯（Hamas），又結合親哈瑪斯的黎巴嫩眞主黨，儼然成了邪惡軸心。

美中從貿易戰、金融戰到科技戰不斷升級，中國的壓力只會越來越重，未來發展的關鍵就在習近平掌控的國家體制中。

行萬里路踏查國際脈動

多年來，我走訪了很多國家，有些是「財金文化金融家考察團」的參訪行程，有些是私人旅遊行程。其中有兩次非常特別的經驗，都是擔任宋楚瑜主席的經濟顧問，隨團出席亞太經濟合作會議（Asia-Pacific Economic Cooperation，APEC）。

自從有了臉書，我開始在上頭記錄生活中的點點滴滴。除了財經觀點和股市分析，還包括每周末的捷兔活動與山野踏青、台灣各地的吃喝玩樂與企業參訪、海外旅遊的所見所聞與心得感想。令我大感意外的是，這些內容竟然獲得廣大回響。

因此，從二〇一一年起，我陸續整理這些零零散散的文章，賦予有意義的脈絡並集結成冊。第一本是《老謝的台灣紀行》，記錄了我在台灣各地的山野踏青與人文踏查；第二本是《變調的中國夢》，詳細論述美中貿易戰開打後的地緣政治衝突、中國經濟下行與台灣經濟再起。

基於廣大讀者對前兩本書的厚愛，我決定完成「台灣、中國、世界」三部曲，挑選這些年印象深刻的海外旅遊與企業參訪，並賦予完整架構，整理成第三本書——《老謝的世界紀行》。

本書不是旅遊指南，無法提供即時訊息，也不能讓讀者按圖索驥。它只是我十年來海外旅遊或參訪當下的觀察與心得，映照的是當時的內心世界。所以，我不會提供太多「資訊」。網路上資訊氾濫，輸入關鍵字就能取得三天三夜都看不完的內容。

在本書中，我像一支發出光線的手電筒，將照亮之處呈現在讀者面前。這個世界實在太大，我們渺小到只能看到一點點。至於光線不及的廣大黑暗地帶，就有待讀者自己挖掘了。

我根據出訪時間、主題特色與地理位置，將整本書分成五個部分，每一個部分再整理七篇文章。這段海外行腳，將從仍被共產主義幽靈籠罩的貧窮國度開始，然後轉進流著新創血液的舊土與新地，中途來趟宋主席的亞太經合會之旅，再抵達造訪最多次、讓人意猶未盡的鄰居——日本。

以上皆是疫情暴發前的行程。蔓延全球的疫情造成一段空白，重新出國考察已然是在四年後。本書最後　部分就聚焦在疫情肆虐後的印太崛起，主要是股市持續奔騰的日本與印度。

誠摯希望這本書爲讀者帶來啓發，內化成自身對國際情勢的認識與觀點。更重要的是，只要理解一個國家的上層建築（國家體制），就能領略他們的經濟發展與命運，相信有心投資海外的讀者將會獲得不小的幫助。

台灣是個小小島國，在美中兩大強權夾縫中求生。越是瞭解國際關係與地緣政治的變化，越能找到個人與國家的安身立命之道，這是我出版此書的最大願望。

接下來，讓我們一起出發吧！

共產幽靈籠罩下的貧窮國度

俄羅斯

家道中落的超級大國

二〇一五年六月上旬，第一次踏上廣袤無垠的俄羅斯大地，這是「財金文化金融家考察團」創辦以來，最遙遠的一趟旅程。

過往我們的考察集中在亞洲，像中國的新疆、內蒙、西安、青島、成都和重慶，東協的緬甸和柬埔寨，東北亞的日韓。這是我們首度跨出亞洲，前往歐洲大陸。

爲什麼要去俄羅斯？

最原始的起心動念是，二〇一五年初，油價跌到每桶四十多美元，俄羅斯股市慘跌，盧布兌美元貶至七十九比一。我相信這是觀察俄羅斯的最佳機會，因爲基期夠低。

第二個原因是，早年就讀政大東亞所，大量閱讀馬列主義（Marxism–Leninism）相關書籍，讓我對俄羅斯帶著特殊情愫。當時就曾發願，有生之年一定要踏上俄羅斯。

再來是，近代俄羅斯與中國猶如命運多舛的難兄難弟。羅曼諾夫王朝（House of Romanov）從一六一三年開始統治俄羅斯，幾乎與此同時，努爾哈赤於一六一六年建立後金政權（皇太極於一六三六年改國號「大清」），一六四四年攻破山海關，取代明朱政權統治中國。三個世紀後，大清王朝於一九一一年滅亡，經過一連串動盪後，共產黨從一九四九年牢牢掌控中國至今。

至於羅曼諾夫王朝，則是終結於一九一七年，列寧（Vladimir Lenin）在十月革命後建立了蘇維埃獨裁政權。一九二四年列寧病逝，史達林（Joseph Stalin）接掌政權，蘇聯也在二次世界大戰後成爲與美國分庭抗禮的超級強權。

史達林於一九五三年過世，其後依序由赫魯雪夫（Nikita Khrushchev）、布里茲涅夫（Leonid Brezhnev）、安德洛波夫（Yuri Andropov）、契爾年科（Konstantin Chernenko）掌權，直到一九八五年進入我們熟悉的戈巴契夫（Mikhail Gorbachev）時代。結果，試圖進行政治改革與經濟開放的戈巴契夫，終結了自己的政治生命，也親手將蘇維埃社會主義共和國聯邦送入歷史灰燼中。

一九九一年十二月二十五日，時任蘇聯總統的戈巴契夫宣布辭職，將權力轉移給俄羅斯（蘇聯境內最大加盟共和國）總統葉爾欽（Boris Yeltsin），克里姆林宮易幟，俄羅斯三色旗取代蘇聯紅旗冉冉上升。翌日，蘇聯最高權力機關與立法機關「最高蘇維埃」通過決議，宣告蘇聯正式解體。

珍貴的民主似乎露出一線曙光，甜美的滋味卻始終無法長久。一九九九年最後一天的最後幾個小時，葉爾欽無預警宣布辭職，舉世震驚，由當時的總理普丁接任代理總統。從二〇〇〇年第一天起，俄羅斯再度進入強人統治的年代。

時至今日，俄國人與中國人仍未體驗過自由民主的眞正滋味……

■深厚的文化底蘊，貧乏的經濟表現

穿越城市的河川，經常扮演「母親河」角色，也是城市的靈魂。既然莫斯科河貫穿了莫斯科市，認識這座城市的第一步，就是沿著河岸跑跑步。

第一天我向東跑，從飯店跑到莫斯科大學再折返；第二天則向西跑，跑到不能跑的盡頭才回頭。清晨的莫斯科河畔十分寧靜，路上車輛不多。偶爾遇到跑步同好，向他們打招呼都沒獲得回應，可能俄羅斯人比較嚴肅吧！

莫斯科河蜿蜒曲折地穿過市中心，沿著河岸跑步便得以從容享受兩側美景。以前總覺得俄羅斯是個神祕國度，沿著莫斯科河慢跑後，赫然發現這座城市眞是美麗，道路乾淨整潔，空氣清新怡人。相較於台北市用高牆阻隔淡水河和基隆河，莫斯科河能夠充分融入莫斯科市，眞令人羡慕。

這座城市的地鐵系統博大精深，讓人大開眼界，也對俄羅斯刮目相看。整套地鐵系統挖得很深，光是搭乘手扶梯入站就要花費三分鐘。每日輸運量高達九百萬人，堪稱全球最忙碌的地鐵之一，大約三十秒就有一班列車進站。停靠時間很短，必須迅速上下車。

莫斯科地鐵還肩負了國防任務，在戰爭時期化身爲民眾避難所。令人瞠目結舌的是，地鐵站融入大量藝術創作，充分展現俄羅斯的文化底蘊。此外，雖然車廂內沒有博愛座，但我看到一位老太太上車後，整排座位上的乘客都站了起來。這是我們從未注意過的俄羅斯軟實力，讓人印象深刻。

踏上這片土地，的確感受到俄羅斯的深厚文化實力，不亞於其他歐洲國家。不過，二〇一五年的俄羅斯很像一九八〇年代的中國，是個家道中落的超級大國，國內生產毛額被印度和巴西追上，整個國家的股市市值比一家蘋果還小。

我最深刻的感受是，不論在莫斯科或聖彼得堡，都能見到筆直寬敞的商業大街，卻看不到美輪美奐的商店門面，也沒有引人注目的廣告招牌。同樣地，無論是蘋果專賣店或大型生鮮超市，都只有一扇小小的門。打開門走進去，一切才豁然開朗，才看得出店內的門道。

經過長期共黨獨裁統治的俄羅斯，始終無法完全融入市場經濟。或許，必須等到鄧小平這樣的領導人出現，來一次徹底的「改革開放」，才能找到促進俄羅斯經濟成長的強大動力。

從彼得大帝到強人普丁

在俄羅斯，處處見得到普丁，連T恤都印有大大的普丁照片，簡直把普丁穿在心上。他是人民心中的大英雄，也是天縱英明的救世主。二〇一四年拿下克里米亞半島時，民調衝高到九八．七%，直追打敗納粹德國的史達林。

綜觀俄羅斯（含前蘇聯）近百年的領導人，像布里茲涅夫和葉爾欽都是風燭殘年的垂垂老者，唯有普丁是渾身健美、炯炯有神的超級明星；戈巴契夫是搞垮國家的民族罪人，普丁則是恢復大俄羅斯榮耀的民族英雄。各種對照之下，俄羅斯人簡直愛死他了，這是西方世界難以理解的現象。

所以我覺得，普丁心中一定常駐著彼得大帝（Peter the Great）。

致力於俄羅斯近代化的彼得大帝，登基於一六八二年，在位期間是羅曼諾夫王朝第一次盛世。他在一七〇〇年至一七二一年的大北方戰爭期間打敗瑞典，取得波羅的海出海口，並且在一七一二年遷都聖彼得堡。後來又發動波斯戰爭，取得裏海沿岸領土。

爲了迎戰瑞典，他親自監工打造聖彼得堡；爲了拓展海權，甚至喬裝成工人遠赴荷蘭學習造船技術。他喜歡親率部隊作戰，經過多年征戰、開疆闢土，奠定了羅曼諾夫王朝長達三百年的基業。

普丁在一九九九年最後一天接任代理總統，二〇〇〇年五月七日成爲正式總統，二〇〇八年連任期滿。憲法規定不得連任兩次，普丁巧妙地先讓副手梅德維傑夫（Dmitry Medvedev）擔任四年總統，二〇一二年再次出馬參選總統。爲了掌權更久，他索性將總統任期延長爲六年，讓自己得以連任到二〇二四年。

然而，這樣還足無法滿足普丁，於是他在二〇二〇年簽署憲法修正案，將修正案之前的總統任期全數歸零。此舉無異爲普丁開闢了一條康莊大道，允許他在二〇二四年再次參選，也能連任一次，直到二〇三六年。

果不其然，即使俄烏戰爭持續進行著，二〇二四年三月，普丁仍以八七％的超高得票率當選總統，二〇三六遙遙在望！

普丁曾在發動俄烏戰爭後宣稱，很多人認爲彼得大帝攻打瑞典是爲了奪取領土。「但是，他沒有奪取任何東西，而是收回。」他認爲斯拉夫人已經在那個地方生活了數百年。

他斬釘截鐵地說：「如今，這種收回與崛起的責任，也落到我們身上了！」

眾所周知，普丁對彼得大帝充滿孺慕之情，若是哪天模仿彼得大帝遷都聖彼得堡，應該也不會讓人大感意外。

畢竟，一九五二年十月七日，新生兒普丁就是在聖彼得堡呱呱墜地的。

古巴

加勒比海的孤兒

還沒踏上古巴前，我對古巴的第一印象，就是他們很會打棒球。所有熱愛棒球的球迷都知道，常常有古巴棒球好手偷渡到美國，成爲大聯盟各球團重金爭搶的焦點。大聯盟球賽之所以越來越精彩，某種程度上，也跟古巴球員前仆後繼搶灘美國有關。

對古巴人而言，棒球是名符其實的「國球」，也是逆轉命運的少數僅存機會。唯有練就極佳身手，才有出國比賽的機會，也才有偷渡的可能。

但我更好奇的是，自從一九六〇年十月美國開始對古巴實施禁運後，遭到經濟封鎖逾半世紀的古巴究竟是什麼模樣？

於是，二〇一七年十一月下旬，財金文化金融家考察團動身前往古巴，試著解開心中的疑惑。

台灣和古巴的時差有十三小時，幾乎隔了半個地球，從台北飛往古巴真是千里迢迢。我們搭機到洛杉磯再轉至墨西哥城，已經耗掉整整一天。稍事休息後，繼續飛往墨西哥東南邊的坎昆（Cancún），這是距離古巴最近的小城，先在這裡休息一晚。

三個城市的時區都不同，抵達飯店時簡直累翻了，倒頭就睡。隔天醒來打開窗簾，整條海岸線映入眼簾，真的有點驚呆了。此生從未見過這般美麗的海岸線！

這個加勒比海沿岸小城只有六十多萬居民，每年卻吸引了數百萬遊客前來，可說是舉世聞名的度假勝地。上百家飯店沿著海岸線傲然聳立，飯店外就是乾淨漂亮的白色沙灘，海水清澈無比，宛如人間仙境。

出了飯店就斷了線

從碧海藍天的坎昆飛抵古巴首都哈瓦那只需一個多小時，卻給人截然不同的印象：一進入荷西·馬蒂國際機場（José Martí International Airport），滿滿的紅色系盡入眼簾。

走出機場後，感覺路上行人與車子不多。原來當天（十一月二十五日）是古巴前領導人卡斯楚（Fidel Castro）逝世一周年的日子，全國民眾都要追悼哀思，我們恰好遇上了國殤日。

除了紅色，古巴給我的第二個印象，就是進入飯店才有網路。只要出了飯店門口，一切都斷了線。

印象更深刻的是，即使進了飯店，也要不屈不撓努力個數十分鐘，才能連上網路。登入飯店的無線網路需要兩排阿拉伯數字，上下排各十二個，光是輸入這些數字就很辛苦。最惱人的是，網路速度不但慢得出奇，還會突然斷線，必須重新輸入那兩排數字。在古巴使用網路，會讓人十分懷念台北。

打從智慧型手機問世以來，很多人都被賈伯斯的新玩意兒綁架了，從此離不開它，每隔幾分鐘就習慣性打開手機看看簡訊或新聞。這回到了古巴，不論具備什麼通天本事，手機都無法上網；同團團員也只能苦中作樂，自嘲花錢來找罪受。

雖是實話，不過，偶爾把手機丟到一旁，放鬆地欣賞花花世界，其實也是挺美好的。

▪尋常風景，不尋常古巴

此次來到哈瓦那，原本打算參觀培育無數棒球好手的搖籃「拉丁美洲棒球場」，可惜球場正在整修，無緣入場一窺全貌。不過，遊覽車途經之處，都會看到許多專注打棒球的孩童，可見古巴人癡迷棒球的程度。

有趣的是，我在棒球場外的公園看到一群人正在認眞滑手機，原來這是他們的小確幸。古巴人必須先到電信公司買密碼，然後聚集在提供網路的角落上網，半小時花費約一．五披索（約新台幣四十五元，以一披索兌三十元台幣計算），這眞是自由世界難得見到的一幕。

無法上網的日子裡，手機只剩拍照功能。這趟旅程中，我們探訪了古巴鄉間，看看市井小民的生活，哪怕是一隻雞、一條狗、一頭牛或一匹馬，甚至路旁的老婦、農舍、檳榔樹、傳統白甘蔗榨汁……都是平凡古巴百姓的日常，值得拍照留念。

唯有放慢腳步，才能體會生活中的點點滴滴。在幾乎無法上網的共產社會中，我們約略感受到古巴人與世無爭的生活態度。

抵達飯店第一天還有一段小插曲。原本預定晚上六點半在飯店內享用晚餐，正要下樓吃飯之際，飯店卻突然通知：當天是國殤日，餐廳被外交部用來招待國賓，我們預定的晚餐直接被作廢。

沒有事先告知，時間到了才說，這樣的舉動讓人深刻體會到奇妙的古巴文化。更奇怪的是，我們還不能自己想辦法找餐廳，必須先報請主管機關同意。所有人爲此等待了一個多小時，眞是相當無奈。

▪古巴與台灣居然驚人地相似

財經作家林志昊在其著作《顚覆視界》中指出：「古巴與台灣的地理位置雖然遙遠，但是，只要好好看一下古巴的過去與現在，就會發現古巴與台灣竟有著驚人的相似處。」

根據他的分析，這兩座島嶼分別位於北美大陸與東亞大陸的東南邊陲。這種巧妙的地理位置，註定了他們跟鄰近的大陸存在著複雜的恩怨情仇。

其次，在大航海時代，古巴與台灣都曾被殖民主義者或海盜侵略，自古即是兵家必爭之地。因此，兩地都在十九世紀被帝國主義者殖民，成爲征服新大陸的跳板：美國在一八九八年成為古巴新宗主國，開始恣意干預拉丁美洲；日本也在一八九五年成為台灣新宗主國，把台灣當成擴張大東亞共榮圈的基地。

同樣地，二戰結束後，古巴與台灣也都被迫捲入冷戰，導致與鄰近的大陸長期中斷經貿交流。台灣與中國的經貿關係直到二〇〇八年才逐步正常化，古巴與美國的經貿關係甚至到了二〇一四年十二月才邁出第一步。

而在冷戰期間，台灣與古巴都曾被美蘇兩強當成相互對抗的馬前卒。古巴飛彈危機時，蘇聯在古巴部署核彈瞄準美國；同樣地，美國也曾考慮把核彈架在台南瞄準中國。

許多人將台灣稱為「亞細亞的孤兒」，描述的就是地緣政治中辛苦掙扎的無奈。既然這兩座相隔遙遠的小小島嶼有著如此驚人的相似性，都要在大國衝突中夾縫求生，長期被美國經濟封鎖的古巴應該也是「加勒比海的孤兒」了。

身爲台灣人，衷心期盼兩國人民都能發揮「以小事大」的高度智慧，各自走出精彩的未來。

古巴

老爺車・雪茄・海明威

一九八二年，「哈瓦那舊城及其工事體系」被聯合國教科文組織列入世界文化遺產。這座舊城是西班牙人於一五一九年建立的，城內聳立著大量巴洛克風格和新古典主義建築，散發出濃濃的歷史氛圍。因緣際會之下，這些濃濃歷史氛圍成了取之不盡的觀光資源。自從美國實施禁運以來，觀光產業可說是古巴最重要的經濟支柱之一。哈瓦那街頭隨處可見來自世界各地的觀光客，成爲當地極少數可取得外匯的管道。

在古巴街道上，復古典雅、造型氣派的老爺車讓觀光客嘖嘖稱奇。這些老爺車都是美國實施禁運前進口的，全世界也只剩古巴還有這麼多古董在街上到處跑。長達半世紀的禁運，使得當年滿街跑的時髦汽車成了活生生的懷舊古董。物資缺乏迫使古巴人特別疼惜這些車子，他們用心保養，讓這些老爺車正常運作。

後來，老爺車變成觀光資產的一部分，被車主擦拭得嶄新亮麗，用來招攬遊客。對觀光客而言，搭乘復古氣派的老爺車穿梭在哈瓦那古老建築中，的確拉風又有趣、新鮮感十足。

■ 經濟封鎖下的另一項資源

來到古巴，絕對不能錯過舉世聞名的雪茄。我們從哈瓦那驅車前往西部的維納利斯（Viñales），這座小城人口不到三萬，卻是相當重要的菸草生產基地。

小城附近的維納利斯山谷，具有典型的石灰岩地形，也在一九九九年被聯合國教科文組織列入世界文化遺產。山谷內的主要作物就是菸草，當地文化特色則是農場和村莊。

我們來此尋幽訪勝，順道參觀雪茄生產流程。一位老師傅親自示範製作過程，手法老練，一邊搓揉一邊大口抽著自己製作的雪茄，現場也擺放各式價格的雪茄任君挑選。

古巴雪茄長期受歐洲菸商掌控，直到卡斯楚掌權後，菸廠收歸國有，才誕生了三十多種本土品牌。除了「棒打天下」的棒球，雪茄是古巴人的另一項驕傲。

這麼多品牌中，最有名的就是創立於一九六六年的「高希霸」（Cohiba），多年來始終是優質古巴雪茄的代名詞，地位就像法國五大酒莊的頂級紅酒。只不過，無論哪個品牌，古巴的雪茄產業完全掌控在國家手中，畢竟它跟觀光一樣，都是重要的經濟命脈與外匯來源。

■共產體制，造就特殊市場經濟

從維納利斯回到哈瓦那後，隔天一早，我們前往古巴國營雪茄公司參觀生產流程，並且在門市購買雪茄。令人印象深刻的是，光是單純的買賣雪茄行爲，就能看到共產制度下的眞實人性，也就是只會出現在資本主義中的那隻「看不見的手」。

門市內的雪茄都有公定價格，門市外卻有一堆小販努力兜售跟正版「高希霸」一模一樣的盒裝雪茄。喊價從一百披索開始，逐漸降到八十，再降到五十、四十……降到比公定價格低了很多，低到讓人怕怕的，擔心買到假貨。

參觀生產線之前，監察人員再三叮嚀不准拍照、不能帶包包進去，也不能購買員工偷渡的雪茄。然而，進入生產線後，一大群員工看似聚精會神地工作，私下卻有許多小動作。某個員工一直對我眨眼睛，拿出三支沒包裝的雪茄對我比個「十」，打算偷偷將生產線上的雪茄賣給我。

這些員工的月薪約二十多披索，聽說他們每天夾帶兩、三支雪茄出來轉賣。這是共產主義下特殊的市場經濟，也是一起吃大鍋飯的地下經濟。

在古巴，醫師、會計師和律師的月薪只有二十至四十披索（約新台幣九百至一千兩百元，以一披索兌三十九台幣計算），這麼低的薪水實在很難過活，難怪會出現許多難以想像的地下經濟。這次的體驗價值萬金，也印證了我常說的「制度決定人性」。

■ 海明威帶來無窮商機

來到哈瓦那舊城區，還有一趟不容錯過的行程：尋訪作家海明威（Ernest Hemingway）的足跡。

從參觀海明威故居改建而成的博物館開始，到海明威撰寫《老人與海》（*The Old Man and the Sea*）的小漁村柯西瑪（Cojímar），再去五分錢酒館（La

Bodeguita del Medio）暢飲海明威最愛的調酒莫希托（Mojito），看看海明威在港邊坐過的一個小角落。到了中午，前往海明威經常用餐的餐廳，吃飽後漫步到海明威最愛的飯店「兩個世界」（Ambos Mundos）參觀五一一號房（編**按：海明威在這間房裡完成名作《老人與海》**），最後在飯店一樓喝咖啡，這就是一整天的海明威套裝行程。

海明威明明是美國人，爲何大家喜歡在古巴尋訪他？其實，海明威的足跡遍及世界各地，但是在一九二八年首次造訪古巴後就漸漸愛上這裡。直到一九六一年自殺前，他更經常移居古巴寫作。卡斯楚取得政權後，特別探訪海明威，使得海明威幾乎和古巴畫上等號。他跟卡斯楚私交甚篤，在美古雙方微妙的敵對關係下，這個美國人成爲古巴永遠的好朋友。

他當過記者，文字精闢洗鍊；他當過軍人，長年關懷弱勢。《老人與海》描述一名老漁夫和一條馬林魚的搏鬥過程，敘事簡單卻直透人心，感染世界的力量無比巨大。憑藉著《老人與海》及其文學貢獻，海明威於一九五四年獲得諾貝爾文學獎殊榮。

透過文字，海明威對後人產生深遠的影響。雖已離世一甲子，至今仍有那麼多人探訪他的足跡，這就是文學巨匠不凡的感染力。

古巴雖是共產國家，卻也懂得市場行銷的「說故事力量」，充分運用海明威的動人一生，帶入源源不絕的觀光財。就像五一一號房，原汁原味保留了海明威當年投宿的樣貌，擺著海明威睡過的床鋪、穿過的鞋子和衣服，陳列他在非洲狩獵的獵槍和戰利品。床邊還有一幅海明威與卡斯楚會面的照片，象徵意義十足。

最顯眼的是，房裡保留了一部「雷明頓打字機」（Remington），這是偉大作家敲打出非凡作品的工具，絕對是意義非凡的古董。

相形之下，台灣觀光產業最欠缺的就是說故事能力。一個海明威足以撐起古巴觀光產業半邊天，我們台灣呢？

或許要套句朗朗上口的牛仔褲廣告詞：「給我海明威，其餘免談！」

古巴

窮到每個人都想逃

古巴是個彩色國度，人民親切熱情，充滿拉丁風格。然而，四處林立的巴洛克建築、滿街奔馳的拉風老爺車，卻讓這個熱帶國度古意盎然。

它也是全球僅存的少數共產國家，卡斯楚革命迄今逾六十年，共產制度徹底壓抑了人民的發展。其實，古巴人的平均壽命接近八十歲，文學、藝術、醫療、工程等各個領域人才濟濟，政治制度卻使得人民一窮二白。

在這樣的國家裡，經常可見資本主義社會難得的奇景。

抵達當天，我們搭乘的車子開上高速公路後，赫然發現公路兩旁都是人。原來司機可以沿途載客，增加一些收入。

某天清晨，我從飯店出來慢跑，看到一名駕著綠色老爺車的男士在攬客。他一直向我招手，我好奇跑去寒暄，沒想到他竟然同時也是名醫生，但月薪只有四十披索。他娶了墨西哥太太，正想盡辦法移民到墨西哥。

「逃離」是古巴人的共識，也是一種常態。只要有機會，就想跑出去，所以有那麼多棒球好手偷渡到國外。

在一起吃大鍋飯的制度下，大家的薪水差不多，這名醫生只好向別人借老爺車，趁上班前賺點外快。

此外，走在馬路上，我發現古巴沒有店面，緊臨馬路的屋子大門緊閉、景況淒涼。這很像一九八八年的上海，房屋後院對著馬路，可能要等到實施市場經濟才有改變機會。

當然，最能體現共產主義景象的，就是四處矗立著偉大領袖或國家英雄的塑像。

■海峽另一方，就是美國

行程結束後，曾有團員問我會不會再去古巴旅遊。坦白說，雖然整趟行程見到不少新鮮事物，也有新奇體驗，但我覺得，除非古巴出現驚天動地的大變化，否則來一次就夠了，不會想來第二次。

不過，旅行的最大好處是，一旦去過某個國家，就會特別關注那個國家的消息。從古巴回到台灣一周後，我從新聞中得知，自二〇一六年十一月以來，美國駐古巴大使館已有二十四名人員和家屬陸續出現聽力受損、暈眩、噁心等奇怪症狀。

美方懷疑他們遭到聲波攻擊，受害者也被檢查出大腦灰質產生異化現象，甚至因此出現「哈瓦那症候群」（Havana syndrome）這樣的名稱。整起事件促使美國政府縮減派駐古巴使館的人數，暫停對外開放，直到二〇二三年一月才全面恢復簽證作業。

看到這則新聞，立刻變得相當有感，因爲僅僅一周前的某天清晨，我特別從下榻飯店沿著哈瓦那的海濱大道（Avenida Malecón）跑到美國大使館一探究竟。

這座歷史感十足的使館於一九九七年重新整修，是一幢六層樓混凝土玻璃建築，隔著海濱大道緊鄰一望無際的佛羅里達海峽。站在使館前面向大海，遠眺一點鐘方向，一百五十公里外就是距離古巴最近的美國領土西礁島（Key West）。

複雜難解的恩怨情仇

設置在這樣的地點顯然有特殊考量，而這座使館之所以始終波折不斷，也跟兩國爆發多次衝突有關。

卡斯楚推翻巴蒂斯塔（Fulgercio Batista）獨裁政權後，美國總統艾森豪

（Dwight Eisenhower）一度向古巴示好，卡斯楚訪美時也受到高規格接待。事實上，卡斯楚一開始並不反美，美國也想要影響卡斯楚。但是當卡斯楚進行一連串國有化政策後，影響到美國的既有利益，就徹底踩到美國的痛腳，逼得美國開始實施禁運。

一九六一年四月，甘迺迪政府（John Kennedy）協助古巴流亡者入侵古巴西南方的豬玀灣（Bay of Pigs）失敗，兩國更加交惡，美國大使館也被卡斯楚沒收，委由瑞士代管。後來卡斯楚靠攏蘇聯，赫魯雪夫在古巴部署彈道飛彈，進而引發一九六二年的「古巴飛彈危機」。

儘管這場危機歷時不長，卻是人類史上最接近核戰爆發的時刻。

直到歐巴馬（Barack Obama）任內，兩國關係才逐漸解凍。二〇一四年十二月十七日，歐巴馬宣布美古關係正常化。二〇一五年七月二十日，兩國恢復正式邦交，大使館重新運作。歐巴馬在二〇一六年三月二十日訪問古巴，成爲八十八年來第一位踏上古巴的美國現任總統。

根據國外媒體報導，就在歐巴馬宣布關係正常化那天，許多古巴人流下興奮的眼淚，因爲過去那段日子實在太苦了。然而，歐巴馬卸任後，川普政府又關上善意的大門。再加上使館疑似遭受聲波攻擊，兩國關係又重新陷入互不信任的漫漫長夜中，經濟封鎖始終無解。

至此，古巴經濟依然艱困，緊接而來的疫情又重創賴以爲生的觀光產業。二〇二〇年的經濟成長率是負一〇．九％，二〇二一年的通貨膨脹率高達七〇％，整個國家陷入難以掙脫的深淵。

二〇二三年十一月，聯合國大會連續第三十一年通過決議，敦促美國終止對古巴的經濟封鎖。在一百九十個參與投票的成員國中，只有兩個國家投下反對票：美國和以色列。

雖是壓倒性的贊成票數，這項決議卻沒有法律約束力，長達一甲子的美古恩仇錄仍持續上演中……

▪難忘二十四個神奇數字

從古巴出發回台灣前，墨西哥航空告知班機延誤四小時以上。哈瓦那機場非常陽春，不僅廁所的馬桶坐墊全部消失無蹤，也無法連上網路，沒有手機打發時間實在難熬。

上了飛機，機上餐點只有一份難吃的沙拉，加上一塊乳酪麵包。接下來要從墨西哥城轉飛洛杉磯時，墨西哥航空又延誤了，遲遲不宣布登機時間，只好進入貴賓室等待。沒想到，除了簡單的沙拉和花生，貴賓室裡什麼都沒有，還擠滿了候機乘客。

到了洛杉磯，美國海關安檢向來嚴格，光是排隊就超過一小時。最後終於搭上華航班機，這才眞正有回家的感覺。我在機上吃下一大碗稀飯，堪稱世界第一美味，也再次印證了自己常說的：「不到外面走走，不知台灣有多好！」

清晨五點四十分抵達桃園機場後，團員各自解散。有人直奔阜杭豆漿嗑燒餅油條，還有人跑到永樂市場吃旗魚米粉，更有人飛奔遼寧市場大啖涼麵。出國十幾天，大家都太想念台灣美食了！

更恐怖的是，回到台灣後，腦海中始終閃爍著兩排數字：上排是一七一〇一一四九九九五〇，下排是一六五一四七 三三一一八一。這數字多達二十四個，卻牢牢記在腦海裡。因爲，這是我在哈瓦那下榻飯店登入網路的必備工具：上排是登入帳號，下排是密碼。

爲什麼記得這麼牢？因爲上網太困難了，每隔幾分鐘就斷線，必須重新輸入這些數字。我在那間飯店住了三天，至少輸入上百次，想忘都忘不了。

如今已進入網路時代，雖然對古巴人而言上網還很困難，但終究開始有短暫上網的機會，可以透過網路看看外面的世界。或許，這將是貧窮封閉的古巴逐漸轉變的契機。

北韓

密不透風的共產世界

二〇一八年九月十八日，南韓總統文在寅率團訪問北韓，成爲繼金大中和盧武鉉之後第三位造訪北韓的南韓總統。翌日，文在寅和金正恩在百花園迎賓館簽署了《平壤共同宣言》，金正恩承諾廢除核武導彈與寧邊的核能設施，讓朝鮮半島成爲沒有核武器與核威脅的和平地區。

當晚，在平壤五一體育場舉辦的《光輝的祖國》大型表演中，文在寅對著十五萬名現場觀眾發表七分鐘演說，成爲首位向北韓民眾發表公開談話的南韓總統。這是南北韓空前水乳交融的一刻，也是別具意義的時刻。透過電視直播，文在寅的演說感動了許多人。

在此數個月前，劉泰英先生曾在電視節目中提到，北韓的新義州特區頗具發展潛力。爲此，我決定邀集 趟北韓考察行程。

雖然直到出國前，新義州計畫尚未成熟，無法參訪。不過，剛從封閉中逐漸解放的國家，往往醞釀著巨大商機，仍然值得一探。就像即將同行的莊先生和黃先生，都是在柬埔寨一開放就立即進去卡位。後來柬埔寨快速發展，他們也成了大贏家！

二〇一八年十月三十日，我們終於踏上神祕國度北韓。

■這火車真是走得奇慢無比

首先搭機飛北京轉瀋陽，在瀋陽住了一晚。隔天吃了一頓道地農家菜、參觀盛京故宮後，從瀋陽拉車到丹東住宿。第三天一早趕往丹東火車站，準備搭乘前往平壤的火車，體驗金正恩搭火車到北京拜訪習近平的那一段路。

一條鴨綠江，分隔了北韓與中國，也劃出兩個不同的世界。

丹東是個人口兩百多萬的大城市，房價漲勢驚人。當天晚上，我們在鴨綠江畔的餐廳用餐，此岸閃爍著繁華燈火，對岸的新義州則是漆黑一片。不過，新義州與丹東僅是一水之隔，兩地走私活動頻繁，發展快速的丹東應該有機會逐漸照亮新義州，這條長線趨勢值得密切觀察。

坐上火車後，短短五分鐘就通過鴨綠江。來到新義州車站，此時手機完全斷訊，大批軍人登車檢查。這場徹底的檢查簡直可用「翻箱倒櫃」來形容，光是在車站就停留了兩個多小時，我的腦海浮現出法國電影《一袋彈珠》（*Un sac de billes*）中納粹軍人盤查的場景。

過了中午，火車終於啓動，看了看車速，大約只有三十多公里。沒有手機打發時間，只能看看窗外聊聊天，這讓我想起一九八八年兩岸尚未開放時、從九龍紅磡車站搭火車前往廣州的情景。

窗外仍停留在相當原始的農業社會，兩側都是農田，農民牽著牛車犁田。天色漸漸黑了，居然還沒見到目的地，直到將近七點才抵達平壤車站，這段只有兩百二十公里的路途竟然花了一整天。

我們與導遊會合後，直奔羊角島飯店頂樓的旋轉餐廳用餐，揭開北韓之旅的序幕。

■全國唯一的通訊活口

來到北韓手機不通，我們早有心理準備像前一年去古巴一樣，每晚在飯店輸密碼輸到手軟。但是在這裡，即使入住標榜五星級（可能連三星級都不到）的飯店，也沒有網路連結。

我問導遊哪裡可上網，導遊回答飯店地下一樓的賭場。衝著這麼一句話，每晚回到房間前，必定先到賭場報到，就是爲了使用賭場的網路。

這座賭場規模很小，是北韓唯一合法的賭場，名爲「平壤遊樂場」，是香港賭王何鴻燊爲羊角島飯店規畫的，後來轉手給梁姓企業人士。爲了方便賭客對外聯絡，賭場耗費了上百萬美元設置無線網路。儘管如此，這個系統的頻寬卻很小，超過五人同時上線，就幾乎就無法運作了。所以，我都是一下遊覽車就衝入賭場，趕緊下載手機上各種訊息與新聞，再回到房間慢慢瀏覽。

住在羊角島飯店五天四夜，我也連續報到四晚。工作人員偶爾會跟我聊天，他們都是來自中國的荷官，男女皆有。賭場不打烊，二十四小時都有賭客上門，其中八成是中國人，一成是台灣人，剩下一成來自其他國家。

既然可以上網，其他團員也會來報到，有些團員手癢順便小賭一把。後來，到此上網的團員越來越多，上網速度逐漸變慢，最後甚至完全斷線。現場荷官告訴我，整個北韓只有這裡能上網，可見北韓的網路封鎖多麼嚴格！

相較於這些年走訪的俄羅斯和古巴，北韓的資訊控制幾乎到了密不透風的地步。我們必須遵守國營旅行社規畫的行程，很難有機會接觸當地人，也不能任意走動。

每到一座城市，我都會在清晨外出跑步，腳踏實地認識造訪之處；但是到了平壤，只能在酒店外五百公尺長的馬路來回跑。其中一天天色未亮，後面有個人緊緊跟著我，直到確定我只是純粹在運動，才沒有繼續跟。

歷史傷痕，難以抹滅

這趟北韓之行的重頭戲，就是參觀板門店的北緯三十八度線南北韓非軍事區。若是從首爾過來，距離五十二公里；但是從平壤到此，距離一百四十七公里，幾乎多了二倍。而且，道路崎嶇不平使得行車時間更長，幾乎花掉一整天。當天手機計步器走了三萬五千步，等於爬了四百零八層樓。我以為手機故障了，後來才發現是因為車輛劇烈晃動，把所有跳動都算了進去。

抵達這個舉世聞名的非軍事區，內心有點波濤洶湧。這是二戰後的歷史傷痕。戰爭後在東西德、海峽兩岸、南北韓都出現分治的對峙局面。至今除了東西德，其他兩地仍無法結束敵對狀態。

整個非軍事區人煙稀少，只有少數原住戶務農。在雙方嚴密戒備的情況下，反而成了野生動植物的樂園，生態非常豐富。

我們從北韓這一端進入非軍事區，再搭車前往共同警備區。抵達後，所有人先下車聆聽講解，隨後一名北韓指揮官搭上我們的遊覽車，一同出發參觀一九五三年聯合國主持的停戰協議現址。拍照後，我們進入北部共同警備區內的板門閣，上樓可眺望對面屬於南韓的自由之家。兩幢建築物之間的步道，正是這次文在寅與金正恩握手寒暄的地方。

此時，歷史場景一一浮現：從一九五三年南北韓停戰，一九七六年八月北韓士兵砍死兩名美國軍人，到一九八四年十一月蘇聯大學生越境投誠，各種緊張與僵局都曾在此發生。

北韓指揮官和我在板門閣樓上合影留念，透過翻譯詢問我的參訪心得。

他對台灣相當感興趣，也拿起我們的參訪手冊提出很多問題，交流了不少看法。我的唯一遺憾是：北韓挖了不少通往南韓的地道，但不開放參觀。

想要參觀地道，必須繞道南韓。他們發現了四條，也開放給民眾參觀。

儘管文在寅與金正恩努力塑造「兩韓一家親」的和諧氣氛，但時隔不到兩年，二〇二〇年六月十六日，北韓不滿脫北者團體沿著非軍事區散播傳單，派軍炸毀因疫情被迫暫時關閉的南北韓聯絡辦公室。此舉造成兩韓關係再度惡化，朝鮮半島局勢逐漸緊張。

到了二〇二三年十二月，金正恩正式宣布兩韓不再是同一民族的關係，而是敵對的交戰國。昔日文在寅極力打造的「水乳交融」，此時已成「油水分離」，兩韓不再一家親。

北韓

純樸百姓，卻人人訓練有素

如果問我，到了北韓最直覺的感受是什麼，我會毫不猶豫地回答：乾淨！

平壤市容清潔整齊，吸入體內都是新鮮空氣。反觀前一年在哈瓦那，一早外出跑步，不到半小時就狼狽撤退，因爲老爺車排出的廢氣太可怕了。同樣地，在墨西哥城慢跑時，都早上八點多了，地上垃圾卻還沒清理，市容凌亂程度超乎想像。

在古巴和墨西哥，到餐廳或加油站上廁所都要給小費；但是在北韓，不僅從未遇過上廁所要小費的情況，連公共廁所都打掃得乾乾淨淨。若是沒有一定的文化提升，很難出現乾淨的道路和廁所，北韓在這一點確實不容小覷。

這裡的經濟狀況相當於六〇年代的台灣、八〇年代的中國，人均GDP雖然不高，民眾素質卻比想像中還好。他們重視技能訓練，幾乎每家餐廳的女服務生都能在餐後瞬間變成訓練有素、能歌善舞的表演人員，唱腔和歌藝更頗具水準。而且，她們大多能說中文，甚至會演唱鄧麗君的歌曲！

這些服務生都是萬中選一，流露出迷人的自然美；相較之下，南韓美女就感覺比較人工了。

道道豐盛精緻，餐餐頂級饗宴

出發前，很多朋友調侃我準備到北韓減肥，至少會減掉兩公斤；尤其是曾經跟我一起去古巴的團員，把最壞狀況都考慮進去了。沒想到，這趟每個人都吃得很滿意，我回到台北反而胖了兩公斤。

在平壤待了五天，幾乎嚐遍了所有北韓特色料理，連文在寅在高峰會的晚宴菜餚「玉流館朝鮮冷麵」都沒錯過。從抵達平壤第一天的羊角島飯店晚餐開始，到香山國際酒店的朝式套餐、大同江的遊船餐，都是北韓特色料理。

到了開城享用銅碗套餐和人蔘雞湯，每個人桌上擺放了十三個銅碗，排滿整個桌面，氣勢壯觀。人蔘雞湯內有米飯。令我印象深刻的是，北韓的米飯特別好吃！無論在哪間餐廳，單是端出一鍋飯，散發的香氣就令人食指大動。

北韓稻米一年才一收，無法像台灣一年兩收甚至三收。不過，可能因爲緯度較高，稻米的Q度非常好。

所有餐點中，最具代表性的就是金正恩欽點的海棠花鐵板燒，他跟夫人李雪主曾多次親臨這家高檔餐廳。其中有兩名高眺美麗的女服務生，專門服侍金正恩。她們曾被送往北京受訓，刀法俐落，耍起刀來很像儀隊花式表演。這家鐵板燒有許多法國進口食材，可說是北韓最頂級的料理。

享用了這麼多頂級美食，只胖兩公斤算是客氣了。

■北韓百姓既溫暖又貼心的一面

除了各式美食饗宴，我們也被安排參觀合作農場。這裡的小農都居住在國家分配的住宅，屋頂是藍色的，外觀是白色的，火車窗外見到的就是這種景象。

爲了展現幸福富足的生活，當局特別讓我們進屋參觀他們的生活起居。北韓保有原汁原味的社會主義，仍有布票和糧票，實行配給制。在合作農場內，居民利用屋外一小片空地種菜，曬些玉米和菜乾準備過冬，還會飼養家禽和小狗。我看到某戶人家飼養超過二條狗，好奇地問導遊：「這裡還需要養狗看家？」導遊搖搖頭說，這些狗是養來吃的。嚇了我一跳，原來北韓人喜歡在酷熱夏季吃狗肉進補。

一位大媽正在整理剛挖起來的蘿蔔，我向她問好，但她不理我。其他居民看到外人也十分冷漠，向他們打招呼都沒有回應，反而是小狗跟外人熱情互動。

或許是常有遊客前來參觀，他們已缺乏新鮮感，表現得很冷淡。然而，我們卻從另一件事體驗到北韓百姓的溫暖與貼心。

前往板門店參觀停戰線那天，遊覽車途中在休息站停留十分鐘，讓大家上完廁所再上路。沒想到，半個多小時後接到休息站的通知，一名團員沒搭上車，遊覽車必須原路折返。

怎麼會漏掉一個人呢？

原來，這位老哥上車後突然肚子疼，沒告訴別人就快速衝下車，大家都沒發現。不幸的是，導遊早已清點過人數，於是車子就這麼開走了。

這位老哥上完廁所趕緊衝出來，只能見到遙遠的車尾燈。正當六神無主之際，六名服務區小姐全部放下手邊工作，有人幫忙打電話聯絡我們的遊覽車、有人泡茶給他喝，還有人不停安撫他的緊張情緒。這下，六神無主突然變成六神降臨。

遊覽車緩緩駛回休息站時，我們遠遠就發現，六名穿著綠色制服的小姐緊緊護駕著沒搭上車的老哥。車子停妥後，這些美女親自護送他上車，車上響起如雷掌聲，真是虛驚一場卻又溫馨感人。

在人生地不熟、語言又不通的地方手足無措，卻能立即感受到北韓小姐善解人意的熱情相助，這場虛驚將是那位老哥最美好的回憶！

五一體育場的超級大秀

來到北韓的觀光客，幾乎都曾前往五一體育場，觀賞一場超過十萬人演出的超級大秀。這場演出的陣仗已是奧運等級，北韓也藉此展現國力。雖然我們全程是在寒冷的戶外看台上觀賞，非凡的表演卻讓人覺得不虛此行。

五一體育場矗立在大同江上的綾羅島，整座建築呈現傘狀，一九八九年五月一日完工啓用。它曾是全球容納人數最多的體育場，直到二〇二一年才被印度的納倫德拉・莫迪體育場（Narendra Modi Stadium）超越，光是觀眾席就有十五萬個，所有大型活動都在這裡舉辦。

儘管如此，讓我吃驚的是，這座體育場的動線規畫非常好，五分鐘內就能散場清空。表演結束後，民眾井然有序地離場，展現出高度紀律。

這場大秀從一面北韓國旗冉冉升起開始，閃閃發亮的空拍機在空中拼出各式各樣的圖形。根據一位研究空拍機頗有心得的團員估計，現場使用了一百四十四架空拍機，可見北韓的科技水準不低。

最令人讚嘆的是龐大演出陣容，光是坐在觀眾席對面變換字幕圖形的工作人員，就高達一萬七千五百人。這場大秀至少包含二十多個團體，每場表演都有數百人甚至上千人參與。北韓號稱超過十二萬人。

他們動作整齊一致、訓練有素，讓人大開眼界。能動員這麼多民眾共同完成表演，的確不是件容易的事。導遊還告訴我，每個人都是自願參與，沒有酬勞可領。

到了尾聲，所有表演者穿著不同族群的服裝開心跳舞，傳遞「愛與和平」的訊息。看完這場超級大秀，我對北韓真是刮目相看，也對訓練有素的純樸百姓留下深刻的良好印象！

北韓

都是偉大領導人的恩賜

除了觀光旅遊，企業參訪也是我們這趟的重點。一開始想去新義州特區參訪，但那裡尚未成型，於是相關單位安排我們參訪兩家國營企業：一家是化妝品工廠，另一家是製鞋工廠。沒想到，這兩家工廠跟我參訪過的企業完全不同。

北韓領導人的權力凌駕一切，所以來賓參訪企業時，不是聽董事長、執行長或發言人做簡報，而是重複聆聽導覽人員大談最高領導人的一舉一動。

首先是化妝品工廠，爲我們導覽的人員就是爲金正恩導覽的女性同志，她花了半小時暢談金正恩視察時的嘉言錄。廠內陳列的不是產品，而是金正恩坐過的椅子。聽完簡報後，我們幾名重量級大漢進電梯上樓，沒想到剛爬升就立刻落到地面，十幾個人困在裡面等待救援，讓人捏把冷汗。

有了前面的經驗，我希望接下來的製鞋工廠不要談太多領導人事蹟，幸好只說了五分鐘就帶我們參觀生產線。我看過許多自動化生產製鞋工廠，從生產動線看來，這座國營製鞋工廠應該是專門給外賓參觀的：所有員工埋頭苦幹，沒人抬頭張望訪客，明顯就是政治掛帥的樣板企業。

這次還有一場投資說明會，找了元山區投資局與我們進行座談，重點是投資金剛山旅遊勝地。原本想親自實地考察，但金剛山位於北韓東南方，非常靠近南韓，距離平壤約三百六十公里遠。路途遙遠就算了，問題是北韓路況一向不佳，來回金剛山勢必花掉兩天，所以我們取消了這趟行程。

北韓官方希望我們投資金剛山，背後其實有一段故事。金大中時代，南北韓關係改善。在金大中號召下，現代集團（Hyundai Group）就在金剛山建造了數間飯店，其他財團也大舉跟進投資，南韓民眾更是踴躍前往金剛山旅遊。

然而，二〇〇八年七月，一名南韓遊客似乎誤闖了附近的北韓軍事區，遭到北韓哨兵射殺。這件事很嚴重，南韓政府立即暫停開放民眾前往金剛山，兩韓交流又告中斷。那些頭已經洗下去的南韓財團一套就是十幾年，許多飯店枯等旅客入住。因此，不少人期盼金正恩與文在寅上演大和解，尋求解套方式。

儘管文在寅誓言重啓金剛山旅遊，但時至今日，總統都換人了，此事依然無解。

■是思想教育，也是真心感謝

五天旅程中，我們都對女導遊留下了深刻印象。她讓我們見識到北韓思想教育有多麼深化。

這名年僅二十七的女導遊要我們叫她「小白」，雖然年紀輕輕，卻已是重量級導遊，曾經前往北韓採訪的台灣記者胡婉玲和舒夢蘭都是由她接待的。

第一天在羊角島飯店用餐，小白一手拿麥克風，一手拿著加湯壺，說話時竟把熱湯倒在我大腿上。我慘叫一聲，她直說對不起。實在是場無妄之災！

第二天在前往妙香山的路上，她開始介紹自己的國家，控訴日本人在占領時期將朝鮮半島的資源掠奪殆盡，現在又有美國帝國主義封鎖北韓。幸好，偉大領導人金日成主席、金正日將軍和金正恩委員長帶領他們抵禦外侮。

提到偉大領導人的時候，小白眼眶泛淚，眞情表露無遺，看來是眞心感謝。

「你們來到朝鮮，不能說我們是『北韓』，這樣會讓我們很不高興。」她特別強調，把朝鮮半島分成南北是美國人的陰謀。

我試著問她能不能在街道上逛逛，她說：「我們朝鮮人從未跟外國人打交道，碰到外國人會很不習慣！」雖然沒說不可以，卻已讓我知道她的意思。

當我們看到北韓民眾都騎著單車或走路上工時，小白解釋：「我們朝鮮人很愛走路運動，沒有胖子。」聽到這句話，一名團員突然脫口而出：「你們偉大的金正恩同志不是很胖嗎？」此時，只見小白不太高興地扳起臉：「你們怎麼竟問些奇奇怪怪的問題？」

小白說自己即將結婚，但是爲了帶團，已經很久沒見到男朋友了。她的父親是中學校長，母親是大學教授，國家配給五十四坪大的房子給他們一家人……一切都是偉大領導人的恩賜。

在思想教育下長大的小白，說出許多令人匪夷所思的事情；但是，從她口中說出的，卻又讓人覺得十分眞誠。小白和司機身上都別著印有金日成和金正日的徽章，其他百姓也是如此。偉大領導人眞的永遠活在他們心中！

■謁陵初體驗

錦繡山太陽宮的官方正式名稱是「金日成同志與金正日同志像生前一樣安息的錦繡山太陽宮」，這是當今最高領導人金正恩的祖父與父親安息之處，位於平壤東北郊區。就像在台灣，也有兩位前總統分別安息在桃園市的慈湖陵寢和大溪陵寢。

第三天，我們被安排前往錦繡山謁陵。小白強調這是莫大榮耀，一般旅遊團不會安排謁陵；如非上頭相當重視我們，不會有這樣的榮幸。

小白說得沒錯，的確只有通過審查的貴賓才有謁陵資格。因此，謁陵前一晚，慎重的小白竟然打算到每個房間檢查團員的服裝儀容。乍聽之下簡直不可思議，只有小學生才要檢查服裝儀容，我們都這把年紀了還要這樣做？

當時我問小白，如果這麼麻煩，能不能乾脆不要去？但小白強調，我們是國家的貴賓，這種光榮的事情不能隨意放棄。經過百般協商，只好要求團員隔天提前十分鐘集合檢查，不合規定再回房更換。

到了太陽宮，果真戒備森嚴，安檢十分嚴格，所有物品都要交付保管。穿過眾多迴廊進入陵寢前，還要像進入無塵室一樣，必須通過強風吹襲，吹掉所有灰塵。最後，我們跟兩位已逝領導人相隔不到一公尺，分別在身體的左、右、下三個方位向他們鞠躬致敬。

陵寢內有許多隔間，擺放著各國領袖送給兩位領導人的禮物。現場最令我震撼的，就是北韓民眾拜謁時哭得呼天搶地的悲慘模樣。

我都還沒去過台灣的兩蔣陵寢，生平第一次謁陵竟然獻給了北韓領導人，此情此景絕對是今生最難忘的經驗。

這一切，應該都是偉大領導人的恩賜……

○○○○○

流著新創血液的
舊土與新地

以色列

新舊交織的奶與蜜之國

以色列是全球唯一以猶太人爲主體的國家，在《創世記》（*Genesis*）中，記載了猶太人祖先以撒（Isaac）的次子雅各（Jacob）與神徹夜摔角後，被神賜名「以色列」（Israel），意即「與神角力者」。從此，雅各的後代子孫也被稱爲「以色列人」。

位於以色列境內的耶路撒冷（Jerusalem）是三大一神教（猶太教、基督教、伊斯蘭教）的聖地，數千年來動盪不安，經常爆發種族衝突與宗教戰爭。再加上猶太人在西元七四年滅國後，流散世界各地長達兩千年。但是累積下來的雄厚政經實力，以及堅定的猶太信仰，讓他們在歐美國家的支持下，於二戰結束後強行在阿拉伯人定居超過兩千年的巴勒斯坦地區復國，一舉將千百年來的新仇舊恨延續至今。

阿拉伯人與猶太人系出同源。阿拉伯語和希伯來語不僅同屬閃語系，其實三大一神教的關係更密不可分。而且除了以撒，雅各的祖父亞伯拉罕（Abraham）還生下了阿拉伯人的祖先——以實瑪利（Ishmael）。簡而言之，猶太人與阿拉伯人其實是親兄弟。

然而，神在《創世記》中賜予亞伯拉罕的「應許之地」，就是目前以色列國土所在的巴勒斯坦地區。不論是古代的摩西（Moses），或是二十世紀的猶太領袖，都誓言將流離失所的猶太同胞帶回這塊流著「奶與蜜」的土地。

於是，當以色列於一九四八年五月十四日宣布獨立建國時，鄰近的阿拉伯國家（埃及、黎巴嫩、約旦、沙烏地、葉門、敘利亞和伊拉克）立即在隔天發動聯合攻擊。從此，中東地區烽火連天、衝突不斷。許多發生在歐美的恐怖攻擊，皆與此事有關。

時至今日，這場區域性戰事仍未終止……二〇二三年十月七日，哈瑪斯（Hamas，巴勒斯坦解放組織的其中一個派系）突襲，造成以色列傷亡慘重。其後，黎巴嫩、伊朗、葉門陸續捲入衝突中，紅海航運幾乎中止，全球供應鏈大受影響。

烽火圍城中的度假天堂

二〇一六年六月底，財金文化金融家考察團出發前往以色列。經過十幾個小時的飛行與轉機，終於抵達以色列第二大城、位於地中海濱的特拉維夫（Tel Aviv），眞是千里迢迢的一段路程。

爲了獨立建國，以色列樹敵不少，因此在香港機場轉機時，安檢人員必須逐一面談所有乘客，登機前還要檢查手提行李，嚴防恐怖分子劫機或滲透境內。

抵達特拉維夫的班・古里安國際機場（Ben Gurion Airport）後，我發現這座機場充滿了設計感，最特別是啤酒打造的整面牆，圓形的入境大廳也很有創意。這個國家的人口只有台灣的三分之一，作爲國家門面的機場卻顯得新穎大器。相較於桃園機場的千瘡百孔，眞是讓人感慨萬分。

同樣地，認識一座城市就是從清晨的慢跑開始！

下榻處正好坐落在地中海海岸線上，我沿著海岸來回跑十公里，發現這裡聚集了不少五星級飯店，看來是把最好的景觀全部留給飯店業者。海灘與飯店之間僅僅隔著一條馬路，各式建築與潔淨海灘交織成一片美麗的風景。

在台灣，此情此景簡直不可思議，大家一定會批評政府圖利財團，最慘的下場就是互相毀滅，台東的美麗灣度假村就是一例。台灣因爲長期的軍事管制，海岸線十分荒涼，甚至布滿垃圾。相較之下，同樣面對需要嚴格安全預防措施的以色列，海岸線卻維護得清潔美麗。

雖是清晨，戲水遊客卻不少，跑步的人也很多。途中經過幾片草地，綠草如茵、步道平整，可以看出以色列政府的用心。後來跑入巷弄整齊的住宅區，居民們雖然趕著上班，卻也都熱情地互道早安。

檯面上，以色列是個危險國度，周遭國家虎視眈眈，隨時有亡國危機。但是來到特拉維夫，卻能感受到完全不同的和諧與溫馨氣氛，緊鄰地中海的海灘更像是座度假天堂，讓人不得不佩服猶太人的韌性！

▪一處聖地上，多少愛恨情仇

特拉維夫是商業中心，也是「矽溪」（Silicon Wadi）的心臟地帶。矽溪位於以色列海岸平原，顧名思義，大量的高科技產業聚集在這個區域，就像美國的矽谷。

對以色列而言，特拉維夫代表著走向未來，耶路撒冷則代表著回到從前。一個現代、一個傳統，新舊交織在這個流著奶與蜜的國度中。

抵達耶路撒冷後，我立即震懾於地形景物。此處盡是貧瘠的山丘地，卻也是數千年來宗教和種族激烈衝突的發源地。這裡的文化底蘊之深，絕對是人類史上的奇蹟。

我們先攀上橄欖山（Mount Olivet），以色列前總理比金（Menachem Begin）就安息於此。一九七八年，他與埃及總統沙達特（Muhammad Anwar Sadat）簽訂了《大衛營協議》（*Camp David Accords*），兩人共同獲得當年的諾貝爾和平獎。

接著繼續參觀橄欖山腳下的萬國教堂（Church of All Nations，又名山園祈禱大殿〔Basilica of the Agony〕）與客西馬尼園（Garden of Gethsemane）。前者是耶穌被捕前的最後禱告處，後者則是耶穌被門徒猶大（Judas）出賣後，慘遭羅馬人逮捕的地方。在這裡生長的橄欖樹，已經有超過千年的歷史了。

後來大家再一起登上錫安山（Mount Zion），山上有間馬可樓（Upper Room）。耶穌被捕前，就是在這裡跟門徒們共進最後的晚餐。我們一群人在午後來到舊城區的聖墓教堂（Church of the Holy Sepulcher），許多基督徒認爲這是耶穌被釘上十字架與死後復活之處。進入教堂後，可以看到一塊紅色大理石。傳聞從十字架卸下耶穌的屍體後，就安置在這塊石頭上清理，再以麻布包裹葬入墓穴。因此這塊大理石，也被耶穌的鮮血染成紅色。

來到耶路撒冷，絕對不能錯過舊城區東南角的聖殿山（Temple Mount）。這裡是猶太教最神聖的地方，曾經矗立著猶太人歷史上的兩座聖殿。可惜第二聖殿被毀後，只殘存「西牆」供後人憑弔。西牆又名「哭牆」，是因爲猶太人經常聚集在牆邊，流淚親吻牆上的石頭，沉痛地緬懷他們悲慘的歷史。

然而，這裡也是伊斯蘭教的聖地，圓頂清眞寺（The Dome of the Rock）即坐落於此，其中更有一塊被稱爲「基石」的巨大岩石，穆斯林深信先知穆罕默德（Muhammad）就在這裡升天。因此，繼麥加（Makkah）和麥地那（Medina）之後，耶路撒冷便成了伊斯蘭教第三聖城。

千百年來，如此一塊小小的土地被投注了太多愛恨情仇。三大宗教的糾葛不斷地在耶路撒冷交錯上演。它不僅曾引發歐洲中古世紀的十字軍東征，也是二十世紀以阿衝突的導火線。

其實，三大宗教信仰的「全能上帝」或「唯一眞主」是一樣的，耶和華（Jehovah）和阿拉（Al-lah）是同一位，只是語言不同導致名稱有所差異，讓許多人誤以爲祂們是不同的神祇。猶太人和阿拉伯人其實都是亞伯拉罕的後代，卻因各種難解情結陷入漫天烽火中，迄今難以自拔，眞是令人不勝唏噓。

讀萬卷書不如行萬里路，走在耶路撒冷舊城區、踏在狹隘古道上，濃濃的千年思古幽情迎面襲來。唯有親自走一遭，才能切身體會歷史的悠長，以及人性的衝突與價值。

以色列

無中生有的新創精神

在這趟以色列參訪行程中，我們對「OurCrowd」印象深刻。

這是一家創立於耶路撒冷的大眾籌資平台，也是最成功的眾籌平台之一。它能如此傑出，歸因於全世界猶太人對以色列新創公司的熱情參與。因此，OurCrowd 曾經連續十年被西雅圖市場研究公司 PitchBook 譽爲「以色列最活躍的創投投資人」。

參訪當時，只要年收入超過二十萬美元，或是淨資產達一百萬美元以上，都能申請成爲 OurCrowd 會員。不少團員當場開戶，立即變成他們的會員，每筆投資金額最低一萬美元。

以色列人具備充沛的創新能量，卻跟台灣人有一項很大的差異：台灣人創業總希望天長地久、傳子傳孫；以色列人只要拿到好價錢，隨時可以賣掉自己創立的公司。

因此，在我們拜訪時，以色列投資局高級主任就提到：全球大型企業都在以色列尋找併購機會，具有潛力的新創公司往往很快就被買走。

這些創業家拿到鉅款後，通常會再次創業，或是投資其他人的創意。當然，也有人會追求更美好的生活。特拉維夫附近的遊艇碼頭坐落著一大片豪宅，每戶豪宅都有遊艇，房價約每平方米兩百萬台幣。這是創業家獲利出場後的愜意人生。

那幾年，以色列房價漲幅高居全球前三名。在這個飽受戰火威脅的國度中，這種漲幅眞是不可思議。

▪農業滴灌技術，稱霸全球

來到以色列，最讓我驚豔的是水果。儘管全國有六成土地是沙漠，以色列卻憑藉卓越的滴灌技術，培育出許多美味的水果。

每天清晨，我的早餐都以水果爲主。不僅西瓜甜而多汁，小番茄、桃子、李子、蘋果、哈蜜瓜、芒果、橘子……樣樣都好吃，街頭也有很多果汁攤。雖然台灣以優質水果著稱，但我覺得以色列水果不遑多讓，這是以色列「人定勝天」又一例證。

同樣地，在這個遍布沙漠的國度中，處處可見政府對綠化的用心，四處都是運用滴灌技術栽種的花草樹木。尤其在特拉維夫，綠化使得整座城市更加美麗。在極端氣候襲擊下，台灣的縣市首長應該好好學習這一點。

除了政府的用心，造就這些優質水果與花草植栽的最大功臣，就是專攻農業技術改良的耐特菲姆公司（Netafim）。

創立於一九六五年的耐特菲姆，是一家提供滴灌與微灌解決方案的企業。創辦人布拉斯（Simcha Blass）在十九世紀末出生於波蘭，設計出一種用於滴灌的導管，能夠將水緩慢釋放到最有效的地方。

早期設計是使螺旋水流形成水層，經過持續改良後，工程師加入一個齒狀曲徑環，讓水在滴頭中形成渦流。這項技術成功解決了缺水地區的農業生產問題，將水資源利用效率提升至最高。

二〇一六年，耐特菲姆在全球共有十七個生產基地、二十九家子公司，雇用了四千多名員工，向一百多個國家提供解決方案。這項農業改良技術也有助於扶貧，因此許多貧瘠的非洲國家都積極引進這項解決方案。

耐特菲姆公司剛成立的時候，創辦人布拉斯持股兩成，哈澤里姆集體社區（Hatzerim Kibbutz）持股八成，後來也有不少創投公司陸續入股。二〇一七年底，墨西哥化學公司歐比亞（Orbia）透過私募股權基金收購了八成股份。他們承諾讓耐特菲姆保持獨立營運，生產與研發等核心部門則至少保留在以色列境內二十年，更期待運用耐特菲姆的先進技術，進一步開發其他產業的解決方案。

耐特菲姆這樣的企業，改變了人類受天候限制的農業耕種模式，目前也已發展成全球最大的滴灌系統供應商，至今收成的果實讓我著實深受感動。

▪百年藥廠以造福人群為宗旨

除了農業滴灌技術，以色列的藥品產業也蓬勃發展。這次的參訪行程中，我們就參觀了「梯瓦製藥工業」（Teva Pharmaceutical Industries），它可是全球最大的學名藥廠（**編按：專門以相同成分與製程生產已過專利期之藥品的製藥公司**）。

參訪當年，梯瓦的市值大約是五百一十三億美元，換算成台幣大約是一兆七千億，比台灣市值第二大的鴻海多出將近五千億，可以想見梯瓦的規模有多大。台灣也有很多學名藥廠，但規模都很小，我很好奇梯瓦爲何能成長到這種規模。

梯瓦創立於一九〇一年，已是百年企業。三位創辦人篳路藍縷，用駱駝和毛驢運送藥品，二戰期間更積極生產藥品支援戰事。後來，赫維茲（Eli Hurvitz）這名超級執行長出現了，從此展開長達三十年的一連串併購。

憑藉著持續併購其他企業，梯瓦越來越壯大，成爲全球最大的學名藥廠，也擠入全球前十五大藥廠之列。此次參訪，梯瓦派出高階主管爲我們簡報。他強調，梯瓦的宗旨是生產便宜用藥造福人群，只要有專利藥到期，就會一馬當先投入研發。

參觀生產線時，我們一行超過七十人的手機都要交付保管，嚴密防堵技術外流。他們從沒接待過如此龐大的台灣考察團，特地在公司外頭升起中華民國國旗，讓我們相當感動。

為政府做事，使命感滿載

這趟參訪收穫滿滿，最感謝的就是以色列駐台經濟貿易辦事處處長荷默（Doron Hemo），一路陪伴我們參訪各家企業。他外型高大挺拔，還有個中文名字叫「韓得榮」。

荷默知道我們有興趣考察以色列後，就多次前來拜訪，做了好幾次簡報，並主動安排值得參訪的企業，讓我們在出發前就感受到以色列官員的熱誠與活力。在台灣，已經很久沒見過這麼有使命感的行政官員了！

確定成行後，荷默答應全程陪同，還請一名代表處同仁擔任翻譯，這是我們一開始就感受到的尊榮禮遇。

接著，荷默提醒我們以色列天氣炎熱，千萬別穿西裝打領帶。我們很開心省下一個大麻煩，但是到了以色列，卻發現荷默每天都西裝筆挺。

參訪企業時，我們都坐著聆聽簡報，只有荷默全程站立。抵達每一家企業都由荷默開場，而且他會在團員集合完畢前就率先抵達會場。整整六天的參訪行程中，隨時都見他精神抖擻、全力以赴。

更可怕的是，回程當天竟然在機場見到荷默。原來他要跟我們搭同一班飛機回台北！上了飛機，更赫然發現他坐在經濟艙……

最感人的是，其實荷默的任職期只到當年七月底，一個月內就要離開台灣。但是，他沒有因爲即將卸任而怠忽職守，認眞專注地堅持到最後一刻。行政官員如此盡忠職守又積極主動，難怪以色列這個危機四伏的小國如此強大！

無中生有的強大力量

荷默是最好的推銷員。

我永遠記得，當他主動向我推銷以色列時，引述了巴菲特（Warren

Buffett）的名言：「如果要去中東尋找石油，可以忽視以色列；如果要去中東尋找優秀人才，那就不必找了，都在以色列！」

他特別強調，以色列擁有的人才與能量，跟國家大小不成比例。我深深被這句話打動，最後促成了這趟考察行程。

在以色列，眞的有一堆人整天忙著創業。光是二〇一五年，以色列的新創企業就高達一千四百家，其中六十九家以總價五十四億美元被併購。

感觸很深的地方是，以色列官員恨不得把全球資金都找來，積極讓世界級大企業買下以色列新創企業。反觀當年的台灣官員，最大的本事就是把台灣的資金趕出去！

這個國家只有九百多萬人，卻在樣樣匱乏的貧瘠土地上，創造出許多科技公司，並在世界第二大的證券交易所那斯達克（Nasdaq）掛牌上市，還有不少科學家拿到諾貝爾獎。我認爲，打破框架思考、不怕任何失敗、持續追求創新，應該是以色列保有競爭力的最大憑藉。

千百年來，這種無中生有的強大力量，始終根植在猶太民族的基因裡，造就了諸多奇蹟，也成就了富裕繁榮的以色列。

美國

大聯盟等級的創業天堂

除了受困疫情的那幾年，財金文化金融家考察團每年至少出國兩次。雖然每次選擇參訪國家都是重大挑戰，但一定標示著我們對未來投資的看法。例如，安倍晉三在二〇一二年底再度上台後，我們就參訪了日本兩次。當時日經指數九千多點，兩年後幾乎翻倍，漲到一萬七千多點。

時值二〇一六年，全球掀起創新浪潮，我們先在六月底飛往以色列，十月下旬又前往矽谷。畢竟，想要感受這股創新動能，就要直搗黃龍，從源頭看起。我們挑選了跨國科技企業 Google 和電動車生產商 Tesla 這種巨型企業，也參訪了交通網路公司 Uber 和出租住宿民宿的網站 Airbnb 等獨角獸，以及其他正在萌芽的新創公司。

讀萬卷書也要行萬里路，是我們的宗旨。若非實地走訪，很難做出正確判斷。就像當年規畫參訪以色列時，很多人覺得那裡很危險，紛紛勸我不要冒險。但是親自走一趟之後，反而帶給我相當巨大的衝擊。

長期以來，我們這一群對投資有興趣的朋友，成立考察團的動力就是能夠共同探索未來趨勢，彼此激盪、一起成長！

創業加速器帶來全新活力

上回在以色列感受到創業投資的火熱，幾乎全民瘋創業。但那裡只是區域戰場，矽谷才是全球等級的競爭場域。

在橡子園太平洋基金（Acorn Pacific Ventures）共同創辦人鄭志凱的協助下，我們來到加速器「Plug and Play」感受矽谷新創事業的活力。

有別於孵化器，加速器經營者會高度參與新創公司。一般是先投資六至一〇%的股份，透過大約三個月的密集腦力激盪，徹底檢討創業者的技術、市場與商業模式。經營加速器的難度遠高於孵化器，不僅沒有房租收入，還要投入種子資金，更可能要等個七到十年才能見到成果。

在這個辦公室，我們看到川流不息的創業人潮，一個人只要一部電腦和一張桌子，就開始大搞創新。截至二〇一六年，Plug and Play 輔導的公司超過六百家，最具代表性的第三方支付服務提供商 PayPal，就是從這裡冒出來的。

早期矽谷以半導體創業爲主，後來越來越多元，就連物聯網、金融科技、人工智慧都包含在其中。相較於二十年前，矽谷創業者的平均年齡少了十幾歲，許多二十幾歲年輕人早已在此大顯身手，可說是大聯盟等級的創業天堂。

工作也能很快樂

參觀了創業加速器之後，我們接續造訪三家重要企業，分別是大名鼎鼎的Tesla和Airbnb，以及市值遠遠超過鴻海的軟體大廠賽富時（Salesforce）。這三家企業的商業模式大不相同，卻有一項共同特質：樂在工作！

不少台灣人對工作的定義，始終停留在朝九晚五，總認為坐在辦公室或待在生產線才算上班。但是在新經濟時代，工作內涵已全然改變，而且是員工至上。

在Tesla，我強烈感受到導覽人員對自家公司引以為傲，卯足全力介紹。他們的辦公室在工廠內，員工都坐在高腳椅上，顯然不是要久坐。餐廳也在裡面，隨時可以用餐。一進入組裝廠區，滿是重金屬搖滾樂，鈑金裝配線上的工人隨著音樂扭動身軀，專注認真地工作。整個感覺很歡樂，讓人嘖嘖稱奇。

Airbnb 總部則是一幢玻璃明亮的大樓，員工可以帶著愛犬上班，還能在頂樓飼養蜜蜂，更不用說還有隨時可盡情享用的員工餐廳和咖啡廳。

他們也不是規規矩矩坐在辦公桌前，有人躺在床上，有人坐在地上，有人窩在沙發上。這樣營造出來的工作環境自由自在，反而激發出更多創意。

到了賽富時，整間辦公室就像餐廳，員工可在吧檯泡茶、泡咖啡，還能享用琳瑯滿目的飲料和點心。這家軟體服務商聘用許多來自台灣的人才，大家都以進入這家公司爲榮。

在新經濟時代，員工才是企業最重要的資產。很多人會在休假日帶著筆電到公司上班，因爲工作是樂趣，絕非苦差事。

參訪矽谷當時，台灣社會正在爲一例一休吵個不停，這三家企業讓我內心澎湃又五味雜陳。

走一趟Google，讓人深刻省思

接下來是重頭戲：參訪Google總部！與其說「參訪」，不如說「朝聖」。對於這家市值巨大的超級企業，我只能用敬佩的字眼來形容。雖然一開始約訪Google不怎麼順利，不過一旦接受我們的約訪，他們就全力以赴。

爲了接待我們，Google特別在內部公告，尋找願意接待台灣參訪團的員工，結果來了十個人，年資深淺皆有。其中有一名來自台南的優秀年輕人，在台灣讀了兩年高中，跳級考上加州大學柏克萊分校，當時剛進公司四個月。他向我打招呼，開口即說：「我是看著您的電視節目長大的。」剎那間眞覺得自己老了！

光是在Google總部，來自台灣的員工就有將近兩百人，聚集了滿滿的第一流人才。很多人常說台灣缺乏一流人才，其實人才都旅居在外，只是我們沒發現。

雖然只在這裡停留一下午，但我們跟這些來自台灣的員工邊走邊聊，參觀自由開放的辦公空間、隨處可見的娛樂設施、無限供應的飲料點心，強烈感受到這家世界級企業的無比魅力。

大約下午四點，他們的餐廳就開始準備餐點。辦公區有個小廚房，除了咖啡機，也準備了水果、堅果和餅乾。甚至還有按摩室、午睡小房間、個人KTV、電競遊戲機、撞球檯等等。數年後，我也參訪了Google台北總部和板橋園區。雖然相隔了遼闊的太平洋，但當年在矽谷總部感受到的「員工至上」，依然完整地在台灣複製貼上。

員工可以隨意走動，上班自由自在，盡享各種福利。這樣的工作氛圍，非常值得其他台灣企業借鏡。

不少台灣企業努力撙節開支、節省成本，卻只會把員工當成生財工具，苛待員工也時有所聞。相反地，國際大企業皆以提升效率和品質爲重點，從善待員工並激發潛能著眼，吸引眾多一流人才，進而形成良性循環。

其實，提倡企業經營的ＥＳＧ精神（Environment, Social, Governance。環境保護、社會責任、公司治理）並不難，關鍵第一步就是從「員工至上」出發！

■孩子，讓自己長出翅膀吧！

二〇〇七年，無名小站創辦人簡志宇把公司賣給台灣雅虎，前往史丹福大學攻讀企管碩士，同時加入楊致遠旗下的雨雲創投（AME Claud Venture），從創業家變成創投業者。我們參訪矽谷時，透過駐舊金山台北經濟文化辦事處的安排，邀請簡志宇發表一場精彩的演說。

這個年輕小伙子相當睿智，先從矽谷最富裕一%和其他九九%的財富差距四十四倍談起。他問我們：台灣才差距十幾倍就快要革命了，矽谷為何不會？

關鍵在於，矽谷提供了極佳創業環境，匯聚全球的人才、資金和市場，推著大家向前走。

他很感嘆地說，台灣的半導體產業獨領風騷，卻在最近二十年的新經濟浪潮中缺席了。台灣整天吵工時、吵休假，但矽谷只提供了優質創業平台，就讓大家不眠不休往前衝！

他也認為，與其拿出百億政府基金投資產業，倒不如投資人才。算一算，一百億可以培養多少人才呢？所以，政府不妨栽培優秀年輕人進入美國一流學府。每年花兩百萬台幣投資一名高材生，就非常充足。

中國一年送出二十七萬名學生留美，南韓送出七萬名，台灣卻不到兩萬，史丹福大學快要沒有台灣留學生了。台灣年輕人怯戰，只追求小確幸，在競爭未來人才的道路上，還沒起跑就輸了。

很多老團員沒參與這趟矽谷考察行，而是把機會讓給下一代，形成二代財金文化考察團。簡志宇演講後，當晚我便邀請二十多歲的新生代團員，一起同桌共進晚餐。簡志宇的一番話讓他們大爲震撼，再加上將近兩百名台灣人在 Google 總部上班，也使得這趟考察帶給他們很大的衝擊。

面對台灣的低薪窘境，我想告訴所有年輕人：必須讓自己長出翅膀！充實語文與學識，勇敢飛出去，才能在全球各地生存與發展。新經濟洪流襲捲而來，對年輕人而言，絕對是大時代、新機會的開始。

唯有讓自己飛起來，才能翺翔全世界，創造嶄新的精彩人生！

愛爾蘭

走出金融海嘯的浴火鳳凰

長期以來，我對小國體制就很感興趣，因爲台灣就是個蕞爾小國。所以，在二〇一六年六月參訪以色列後，我決定規畫前往愛爾蘭，瞭解小國面臨壓力時的生存之道。

二〇一七年，以色列的GDP約三千兩百億美元，全球排名第三十四；愛爾蘭的GDP約三千億美元，全球排名第三十七。愛爾蘭的面積雖然比台灣大一倍，當年的人口還不到五百萬，人均GDP竟已高達約六萬六千美元，在全球名列前茅。

隔著寬度約一百公里的愛爾蘭海，英格蘭與愛爾蘭遙遙對望。自十二世紀起，英格蘭就強勢影響著愛爾蘭的文化與政治，甚至在一八〇一年強行將愛爾蘭併入「大不列顛暨愛爾蘭聯合王國」（United Kingdom of Great Britain and Ireland）。直到一九二一年七月十一日，愛爾蘭獨立戰爭結束，英愛雙方簽訂條約，愛爾蘭才成爲獨立國家。

二〇〇八年金融海嘯後，愛爾蘭深陷債務危機，被迫在二〇一〇年十一月二十一日向歐盟及國際貨幣基金組織（International Monetary Fund，IMF）申請紓困，淪爲「歐豬五國」（PIIGS，其他四國爲葡萄牙、義大利、希臘、西班牙）其中一員。幸好在政府與民間的齊心合作下，愛爾蘭於二〇一三年十二月十五日宣布退出紓困計畫，成爲第一個擺脫紓困的歐豬國家。

短短三年就走出困境、苦盡甘來，這條路走來肯定坎坷難行。

小國如何崛起？

二〇一七年六月底，財金文化金融家考察團抵達愛爾蘭首府都柏林

（Dublin），一下飛機就直奔愛爾蘭企業局（Enterprise Ireland）聽取簡報。這個官方單位積極對外招商，同時扮演天使投資人的角色，專門協助愛爾蘭企業走向全世界。

接待我們的處長霍伯斯（Alan Hobbs）恰好是台灣女婿，爲了歡迎我們，還特別升起中華民國國旗，實在令人非常感動。

關於愛爾蘭的崛起，霍伯斯認爲主要有六個成功因素：一是人口年輕化，二是高等教育免費，三是多國企業踴躍投資，四是政府投資本土企業，五是降低企業營所稅，六是強化公共建設。

聽完簡報後，印象最深刻的就是減稅引資政策。

愛爾蘭的企業營所稅率降到一二．五％，就是這麼簡單一招，吸引了超過九百家美國企業前來投資，直接投資金額超過兩千億美元。

但是，愛爾蘭政府爲何要降稅？

降稅前，愛爾蘭本國企業被課稅三〇％，外資企業被課稅一〇％。在這種「厚彼薄此」的差別待遇下，本國企業曾想盡辦法變成外資企業。後來歐盟出面，愛爾蘭乾脆改成單一稅率一二・五%，效果意外顯著，其他歐洲國家也開始紛紛仿效。

一九九四年以前，愛爾蘭的人均GDP約五千美元，曾被新聞周報《經濟學人》（*The Economist*）戲稱為「歐洲乞丐」。不公平的稅制，更導致經常帳與金融帳出現巨大淨流出。直到二〇〇三年改成單一稅率，愛爾蘭經濟才有了翻天覆地的變化。

金融海嘯後，房地產泡沫破裂，豪宅暴跌六至七成，經濟幾近崩潰。針對這樣的困境，愛爾蘭政府縮衣節食，公務員減薪兩成，向歐盟借款八百五十億歐元強化公共建設，三年後就浴火重生了。

■超高人均GDP的關鍵

這次參訪愛爾蘭，跟一年前參訪以色列有著相同感受。當時以色列駐台經貿辦事處處長陪同打點一切，這回愛爾蘭工業發展局（Industrial Development Agency）的亞洲區主管惠堤（Gerard Whitry），也專程從新加坡趕回來，讓人感受到他們的拚勁。

我請教惠堤，愛爾蘭人口那麼少，爲何能打造出人均GDP近六萬六千美元的國度。他直截了當地回答：「投資教育！」

惠堤說，經濟發展是愛爾蘭最重要的目標。雖然他們的財政並不寬裕，卻將有限的資源投入教育訓練，大學科系也適時彈性調整，不會一成不變。

他還表示，雖然愛爾蘭經常政黨輪替，但政府永不改變的初衷就是爲企業服務。他們非常確定，擁有強大的企業，才有壯大的國家。因此，愛爾蘭政府隨時與企業互動，藉此瞭解未來五年，甚至是十年後的人才需求。

例如，當企業預備加碼投資物聯網時，政府就開始在大學設立物聯網相關科系，後來每年可培訓一千五百名物聯網專才學生。當他在台灣看到廣達和研華苦苦找不到物聯網人才時，也曾建議他們來愛爾蘭徵才。

除了工業發展局，我們還參觀了國家生技製藥廠訓練中心（National Institute for Bioprocessing Research and Training）。當年全球前十大製藥廠中，有九家在愛爾蘭設立生命科學中心，還有來自海外的七十五家藥廠在此設立營運據點。愛爾蘭的生技產業出口值達三百九十億歐元，國家生技製藥廠訓練中心就是培訓人才的重要基地。

傳奇啤酒廠，屹立不搖

來到都柏林，一定要參觀健力士啤酒博物館（Guiness Storehouse），喝喝他們的啤酒，體驗這家魅力十足的百年老店。

亞瑟．健力士（Arthur Guinness）於一七五九年創立這家啤酒廠，整整比我大了兩百歲。當年他以每年四十五英鎊、九千年的租約，租下從未使用過的聖詹姆士門釀酒廠（St Jame's Gate Brewery）。營運至今，盛況不墜，成了都柏林傳奇。

健力士啤酒博物館門票要價十六．五歐元，每層樓都有豐富的內容展示，不僅介紹生產流程與公司歷史，還讓訪客體驗打啤酒。打出自己的啤酒後，更可以拿到頂樓的三百六十度透明空間，一邊喝著啤酒，一邊居高臨下鳥瞰街景。

愛爾蘭人口不到五百萬，其中約一百五十萬人住在都柏林。儘管如此，相較於倫敦這樣的大都會，都柏林仍只是二、三線城市；如果倫敦是台北市，都柏林就像台南市。

因此，都柏林沒有摩天大樓，在啤酒博物館僅僅七層樓高的頂樓上，整個市容一覽無遺。喝著啤酒欣賞風景，眾多好友輕鬆聊天，可謂人生一大樂事。

這家歷久彌新的老啤酒廠代代傳承，維持良好的風格與口碑，是令人肅然起敬的百年企業。

到酒吧見證悲壯歷史

某天中午，我們被帶到一間酒吧用餐，乍聽之下有些困惑：「酒吧」不是晚上才去的嗎，怎麼中午就來了？

抵達後，我才知道這家約翰尼福克斯酒吧（Johnnie Fox's Pub）是間有歷史的餐廳。它在一七九八年就開張了，見證過一八四五年的愛爾蘭大饑荒，以及一九一六年的復活節起義。當年推動愛爾蘭獨立建國的先烈，就是在此祕密集會，其中有不少人遭英軍殺害，所以餐廳牆上掛著許多他們的照片。

這間充滿故事的酒吧吸引各國領袖到訪，我發現牆上也掛著美國前總統柯林頓（Bill Clinton）的照片，很多人不知道他有愛爾蘭血統。

馬鈴薯是愛爾蘭人的唯一主食，但農民搶種單一品種而造成嚴重病變，導致馬鈴薯歉收，引爆愛爾蘭大饑荒，重創這座小島。爲了逃避饑荒，當時有超過一百萬人移民美國與澳洲，因此人口才會從超過八百萬，銳減到五百萬以下。

英格蘭統治愛爾蘭數百年，愛爾蘭人卻前仆後繼、不惜犧牲性命也要走上獨立建國之路，愛爾蘭大饑荒是很重要的導火線。當年愛爾蘭承受巨大壓力，英格蘭卻見死不救。儘管從中南美洲進口的馬鈴薯經過都柏林港口，英格蘭也不願幫助饑民，難怪徹底激怒了愛爾蘭人。

這家歷史悠久的酒吧，也號稱「愛爾蘭海拔最高」的酒吧，位於都柏林近郊的格林庫倫（Glencullen）。群山環繞，景緻非凡。除了餐點，「愛爾蘭咖啡」更令我留下深刻印象。這種咖啡加上奶油和威士忌，喝進體內會覺得一股暖流徐徐而生，非常令人難忘。

有機會到都柏林旅遊的朋友，一定要來這間酒吧品嚐美食，親自感受愛爾蘭浴火重生的悲壯歷史！

中國

萬丈高樓深圳起

自從台商蜂擁西進中國後，我到深圳考察了很多次。四十年來，深圳堪稱地表上躍升速度最快的城市，因爲它是鄧小平改革開放後的第一個經濟特區，制定了一系列吸引外資的優惠政策，鼓勵外資投資或合資設廠。

當然，深圳的崛起也跟騰訊、比亞迪、華爲、富士康等大型企業在此設立基地有關。

陸續考察過以色列、美國矽谷、愛爾蘭等新創蓬勃發展的地區後，二〇一八年六月底，我又前往深圳和附近的東莞佛山，參訪那幾年快速崛起、聲勢驚人的中國企業。

抵達深圳的隔天清晨，坐在君悅酒店頂樓吃早餐，赫然發現窗外是分隔香港與深圳的深圳河。回想一九六〇年代，經常有中國人冒死游過深圳河，千辛萬苦偷渡到香港。如今，深圳河這邊高樓聳立，對岸屬於香港的新界反而都是山坡，崛起後的反差真是令人訝異。

■當年艱辛創業的郭董

望著深圳河時，突然憶起多年前的一段往事……

富士康龍華廠區建廠不久後，郭台銘來了一通電話邀我去參觀，我便帶著《財訊》記者一早搭機飛往香港。郭董派了李金明副總來接我，抵達後立刻參觀工廠，中午在員工餐廳用餐，下午繼續看廠。

到了晚上七點還沒見到郭董，李金明副總就帶我去打個招呼。看到郭董的辦公室，我嚇了一跳，那簡直像小學教室。辦公桌是用磚塊堆起再放置一片門板組裝起來的，座椅則是早午開里民大會那種鐵椅。

郭董見到我，有些不好意思地說：「老謝，等一下還有個動員月會，結束後再一起吃飯！」我只好跟著他參加，結果他在台上一口氣講了兩個小時，等得又餓又累，月會結束已經九點半了。

那晚，郭董夫婦邀我們一起到員工餐廳用餐，就這麼聊到半夜一點多。最後他看我哈欠連連，連忙請司機送我到觀瀾湖高爾夫會館。但他不知我不會打高爾夫球，還約我清晨五點打球。我問司機，郭董到底都睡幾個小時？司機說，大概三、四個小時……

沒有郭董這般驚人的體力與毅力，無法建立起如此龐大的鴻海帝國！

■華僑城與茅台酒

除了君悅酒店，這趟考察也下榻華僑城洲際酒店。一早起來，先繞著酒店周遭跑了一圈，再跑到深南大道對面。見到一條綠樹成蔭的步道，原來是華僑城的外圍步道。於是我順著步道將華僑城繞了一圈，沒想到足足跑了一小時，全長約六公里。

華僑城位於深圳市南山區深圳灣旁，原本是深圳機場的預訂選址，占地四・八平方公里。後來機場改建在寶安區，這裡轉而開發成度假區，內含多項遊樂設施，如錦繡中華、世界之窗、歡樂谷、歡樂海岸等。而且，整個造鎮計畫還包括住宅、醫院、超市、酒店和賣場，開發氣魄令人嘆爲觀止。

這片區域還有無人駕駛的環狀線單軌電車，串聯各個景點。最讓人拍手叫好的，則是綠色植物涵蓋全區，綠化程度很高，別具新加坡風情。即使在大馬路旁，也會闢出小步道，跑起來相當舒服。

我看到洲際酒店的商場內有一家茅台專賣店，一時興起就進去瞭解行情，發現玻璃櫃裡有瓶沒標價的茅台酒，古色古香。一問之下，才知道這瓶一九五三年的茅台，居然開價兩百零五萬人民幣，眞是嚇人。後來又看到以前特別留意過的一九五九年份「狗年茅台紀念酒」，售價只要五千兩百元人民幣。猶豫了一會，很想買下來，但身旁的朋友提醒我，市面上充斥著假酒，眞茅台的比例只有千分之三。經過他這麼一說，購買衝動全沒了。

這裡擺放最多的是一九九〇年代的茅台，開價十六萬至十七萬人民幣，眞的不便宜。

那些年，投資茅台就像炒房買股，成了會增值的標的。金正恩會見習近平時，習近平拿出茅台招待金正恩，更是打響它的知名度。

參訪深圳時，美中貿易戰剛開打，深滬股市回挫約兩成，茅台股價卻相對硬朗。

二〇一七年的茅台營收是六百一十億，淨利兩百九十億；二〇一八年首季的營收是一百七十五億，淨利九十一億人民幣，營業利潤率六九．七二%。這樣的利潤率比半導體高多了，眞是一本萬利，難怪股價掉不下來。

世界工廠開始面臨缺工壓力

這一趟，我特別邀集在深圳發展的大學同學共進晚餐。有些同學三十多年沒見了，談到人生不同際遇時感觸很多。

同班同學中，大概有五、六人在深圳和東莞創業，其中一位已結束深圳的事業，到巴黎享受退休人生了。

另一位同學經營包材紙器工廠，夫妻合力創業打拚，在東莞闖出一片天。但他感嘆生意越來越難做，因為早年東莞的工資只要人民幣三百至五百元，如今從三、四千元起跳還不見得找得到工人。

還有一位香港僑生，他始終只有一個信念：有朝一日，深圳必定香港化。所以，他在深圳房價還很低的時候切入，成了包租公。我問他到底有多少房產，他也答不出來，但他重壓的南山區房價漲了幾十倍，現在的生活快樂似神仙。

最後一位同學，一九九二年就在深圳白手起家，開了一間玩具代工廠。他的玩具越做越精細，品質越來越好，那幾年好不容易打入名牌供應鏈。那些名牌的要求很高，每件商品都用放大鏡檢視，稍有瑕疵就要報廢。生產完成後，還要打掉每個上百萬元的模具。

爲了打拚事業，他帶著全家落地生根，在深圳和順德投資房地產。不過，他也感嘆工廠越來越難經營，盛況時高達三、四千名工人，如今只剩三十幾名幹部、十幾名工人。接到急單時，連幹部都要待在生產線，缺工壓力很大。

薪資不斷上漲，年輕人卻不想進工廠，寧願騎著電動車跑外送。他很努力提升自動化設備，卻不是那麼容易轉型。因此，事業雖然成功，也不確定下一步該怎麼走。

一場難得的同學餐敘，道盡人生的抉擇與際遇，一念之間可能就是天壤之別。有人悠哉享受退休生活，有人則苦悶面對缺工壓力。

深圳河兩岸大逆轉

二〇二二年二月十九日，疫情仍在蔓延之際，我在報紙上看到一張照片：深圳和珠海等重要口岸都圍起了鐵絲網，防堵港人越界逃往中國內地。原來，在湖南郴州發現兩名來自香港的確診者，後來又發現一名香港確診病例從珠海進入，輾轉到了上海，同車乘客都要隔離。因此，中國邊境開始加強管制力道，防範港人偷渡入境。

這種令人咋舌的場景，不禁讓我想到一九六二年的香港大時代。在毛澤東發起大躍進運動前後，許多人冒著生命危險偷渡深圳河，拚死拚活游向香港。這條深圳河原本是民主與獨裁的楚河漢界，如今深圳發展起來了，一場疫情反而導致港人偷渡到中國，情勢的逆轉真是令人感到恍如隔世。

中國

這樣的企業精神，值得學習！

從深圳拉車兩小時，途經虎門大橋，就抵達了位於佛山市順德區的「美的集團」，這是中國最大的白色家電廠（編按：Major appliance，泛指家庭用電器，如洗衣機、冰箱、空調等）。

多年來，我對中國家電產品仍停留在低端製造的印象，這次在美的集團卻發現完全不是這麼一回事。導覽人員完整介紹他們在人工智慧、物流系統、機器人與物聯網的運用。而且，自從併購了東芝（TOSHIBA）家電部門，他們充分發揮日本設計美學，在產品外觀上取得長足的進步。

這家崛起於順德的小家電廠，之所以能夠如此壯大，主要是透過一連串併購。除了東芝家電，他們還併購義大利中央空調大廠 Clivet、美國吸塵器企業Eureka、以色列運動控制及自動化解決方案企業Servotronix。更關鍵的是，在川普（Donald Trump）上任美國總統前，拿下德國機器人大廠庫卡（KUKA）。

帶領美的集團在全球打下霸業的方洪波董事長，是一九六七年出生的。他在二〇一二年上任後，成為中國最具影響力的企業家之一，屢屢成為媒體關注焦點。

方洪波強調，金融海嘯後，美的集團驚覺技術轉型與升級創新是必要的，低端製造已不可恃。於是，他們決定擺脫勞力密集產業，併購就是終南捷徑。

這次獲得方洪波親自接待，難得有機會跟他討論當年併購庫卡的策略，這是美的集團非常重要的一片拼圖。

當時他們在機器人產業中挑選了兩家公司，一家是日本株式會社安川電機，另一家則是德國庫卡；但安川大股東不想賣，美的集團只能鎖定庫卡。由於大股東一直賣出，他們先在交易市場上購入股份，最後再以每股一百一十五歐元全數收購，總共持股九成多。

最重要的是，這起併購案在二〇一六年十月十三日通過歐盟執委會審查，若是再拖個幾個月，恐怕就一波三折了。當年，誰都不知道川普在二〇一七年一月就職美國總統後會發生什麼事……

■ 尋找美食，就從順德出發

當晚夜宿順德美的萬豪酒店，可遠眺順峰山公園中壯觀的牌坊、清幽的青雲湖與桂畔湖、高聳的青雲塔和舊寨塔，景緻格外宜人。這片公園雖在二〇〇四年才正式竣工，青雲塔卻是從明朝萬曆三十年即矗立於此，已有超過四百年的歷史，被廣東省列爲文物保護單位。

隔天一早從飯店出來，沿著湖邊慢跑，發現不少順德居民也在跑步。湖水乾淨，花木扶疏，難怪大家喜歡來這裡運動。我直接跑上將近一千階的舊寨塔，繞了兩湖整整一圈，將近七公里，全身濕透、暢快淋漓。這座三級城市擁有如此大器的公園，令人刮目相看。

在台灣品嚐美食，要從台南開始；在廣東尋找美食，則要從順德出發。那麼，在順德大啖美食，可以從毋米粥和豬肉婆開吃！

毋米粥是一種火鍋，湯底用白米熬煮。「毋米」即「無米」之意，因為白米全部煮爛成粥了。據說粥底有清火功效，吃鍋不易上火；而且粥底味道清淡，更能凸顯食材鮮味。

豬肉婆是一家人氣餐廳，進門處擠滿了等待人潮。大排長龍，就代表餐點美味。上座後，店家先端上拿手煲湯，湯裡有豬肚、排骨、白果、胡蘿蔔、陳皮。豬肚入口即化，好吃得不得了。接著再端出清蒸鯿魚，這種又細又嫩的河魚在台灣並不常見。後來又盛上鹽焗蛇肉，但大多數團員都不敢吃……

順德人無所不吃，煲湯火候也很深，這頓豬肉婆中餐的每道菜，都讓人印象深刻。

▪ 從流水線女工到大企業老闆

翌日，我們從順德拉車兩小時抵達東莞，參訪立訊精密工業。王來春董事長原本是富士康的生產流水線女工，如今創業有成，爲立訊打下一片天。

我曾寫過王來春奮鬥史，對她的故事瞭若指掌，但沒見過她本人，這次到立訊算是初次見面。一下遊覽車，就見她遠遠走來，感覺像老友般親切。

王來春單槍匹馬帶著我們進廠參觀，然後在會議室足足講了一個多小時，完全不用麥克風。她對自家公司發展和整個產業趨勢瞭然於胸，簡直是多年前的郭董翻版。參訪結束後，王來春意猶未盡，還登上遊覽車向大家熱情道別。

一九八八年，王來春是富士康在中國招募的第一批員工，因表現傑出被拔擢為課長。她在一九九九年離開富士康，和哥哥王來勝收購了香港立訊公司，然後在二〇〇四年創建如今的立訊精密工業。

王來春知人善用、驍勇善戰，用盡一生力量打造立訊，帶領公司打入蘋果供應鏈。這種雖千萬人吾往矣的氣魄，讓立訊在二〇一二年以七二．二倍的本益比掛牌上市，從資本市場拿到的七十九億人民幣資金，成為更加茁壯的重要憑藉。

她就像個超級業務員，截至二〇一八年當時，已經為立訊拚出將近三千億市值，實在很不容易。除了工作，她沒有其他嗜好，幾乎以廠為家。

我問她對台灣有什麼看法。她說台灣是個好地方，可惜社會上普遍有「錢多事少離家近」的心態。畢竟，世界變化得迅速又劇烈，不努力絕對無法成大事。

這一席話帶給我無比震撼。早已功成名就的她，仍保有當年創業的拚勁，證明了立訊的成功絕非偶然。

■ 謙虛自省的不凡企業

在二〇一八年這次參訪的企業中，我對華爲有著極高評價。從一九九〇年代起，我參訪華爲超過三次，看著這家企業與時俱進，不得不佩服創辦人任正非的氣魄與眼光。

當然，肯定有人會說華爲有軍方背景，又有政府助攻，才能獲得現在的成就。不過，在美中貿易戰裡，我看到華爲領導人的謙虛自省，充分感受到這是一家不凡的企業。相較於阿里巴巴和騰訊，華爲的強烈企圖心、對於未來布局的細膩用心，絕對更勝一籌。

有一晚，華爲總裁郭平邀我到他府上喝茶。他是華爲創立後的第五名員工，也是華爲投資控股公司的董事長。我們聊了許多有關貿易戰的影響，他很感慨華爲在美國的發展受到越來越多限制。

其實，美中貿易戰會開打，部分原因就跟華爲在5G的發展取得領先有關。

二〇一八年，上海世界行動通訊大會（Mobile World Congress，MWC）中，全球行動通訊系統協會（Groupe Speciale Mobile Association，GSMA）估計，全球工業物聯網的連接數將在二〇二五年達到一百三十八億，中國將擁有四．三億個5G連接，占全球總量三分之一。中國的網路營運商正展開大規模的5G試驗，未來的物聯網和人工智慧深度應用都與5G有關，而華爲處在領先地位。

儘管受到美國打壓，任正非仍在微信公眾號貼出一篇〈勵精圖治，十年振興〉，強調中美差距二十到三十年，甚至五十到六十年，晶片產業是急不來的。華爲還要向高通（Qualcomm）購買五千萬片晶片，也要繼續大量使用美國零組件，但是會加強基礎研究投資，增加研發支出。

他認爲，華爲與美國的差距，必須縮小到可以安然活下來爲止。

此外，華爲高級副總裁陳黎芳也在新員工座談會上表示：「我們要正視美國的強大。看到差距，堅定地向美國學習，永遠不要讓反美情緒主導我們的工作。在社會上不要支持民粹主義，在內部不允許出現民粹，至少不允許它有言論的機會。全體員工要有危機感，不能盲目樂觀，更不能有狹隘的民族主義。」

她還強調：「我們不要小富即安，我們不要以爲手頭有幾個活錢就了不得。如果產業沒有增長潛力，沒有附加值，沒有精鋼鑽，光做牛仔褲和運動鞋，不管做得多好，做得多大，都不可能趕上美國。」

聽到任正非和陳黎芳如此坦然的謙虛自省，就能理解華爲如此強大且被美國視爲威脅的原因。這是所有人都應該學習的謙遜態度，不分台灣中國，也不分東方西方。

中國

昔日港澳，今日大灣

二〇一九年，時任香港特首林鄭月娥在新春團拜中強調：「大灣區計畫已提升到國家戰略層面，下一步大灣區發展規畫綱要也將出爐。」這項宣示等於把香港納入大灣區。香港媒體也出現一個非常吸睛的標題：「香港人將變成大灣區人！」

粵港澳大灣區計畫包含香港和澳門兩個特區，以及廣州、深圳、佛山、江門、惠州、肇慶、東莞、中山、珠海等九座城市。截至二〇二三年爲止，區內人口超過八千六百萬，生產總值超過十四兆人民幣。這項計畫仿效日本東京灣、美國紐約灣區和舊金山灣區，預計將成爲帶動區域經濟發展的領頭羊，成爲中國南方最重要的經濟樞紐。

不過，香港原本的獨立特區地位卻因此不見了，一國兩制五十年不變的承諾也跟著幻滅。融入大灣區的香港雖然仍舊是重要城市，但租稅政策若是跟著改變，港人的昔日優勢將消失殆盡。

娛樂當道，美食相隨

二〇一九年二月十八日，《粵港澳大灣區發展規畫綱要》正式公布。兩個月後，我飛抵大灣區參訪，先在澳門住宿一晚。

隔天清晨開始，我用雙腳踩遍澳門的博奕產業。多數人是進場賭一把，我則是站在美輪美奐的博奕大樓前欣賞建築之美。從金沙、美高梅、永利、凱旋門、銀河、金龍到巴比倫……這些金碧輝煌的賭場吸引全球絡繹不絕的旅客，國際級博奕公司提供的服務更讓他們流連忘返。

根據統計，二〇一八年入境澳門的遊客高達三千五百九十一萬人次。小小一個澳門的觀光人數，竟然超過觀光大國日本（三千一百一十九萬人次），眞是不可思議！當然，博弈產業也因此成了澳門經濟發展的最大憑藉。

同一年，澳門的博彩收入超過三千億澳門幣（幣值與港幣相當），貢獻了九百一十億稅收。這也使得澳門當年的人均GDP超過八萬六千美元，高居世界第二。

看遍博弈大樓後，我散步到澳門的漁人碼頭。這裡是人工塡海造出的新生地，由賭王何鴻燊號召，斥資近二十億澳門幣才打造完成。

這片新生的休閒娛樂場域以美食爲號召，我遠遠就看到陳老太順德料理。在粵菜系中，順德美食遠近馳名。二〇一八年到順德參訪美的集團時，順道光臨豬肉婆的那碗豬肚湯，至今仍讓我念念不忘。

漁人碼頭上還有不少像是金悅軒這般的知名餐廳。很多台灣饕客喜歡專程到澳門吃金悅軒，後來有人乾脆挖角廚師到台灣，落腳美食一級戰區台中市。

澳門菜最大特色就是中西合併，從葡萄牙治理以來的葡式蛋撻、豬扒包、法蘭西多士都是代表，中式的煲仔飯、骨煲、水蟹粥和雙皮燉奶也很有特色。更特別的是粥品，葡式及港式廣東粥都令人回味無窮。

讓人流連忘返的觀光城市，通常都有美食相隨，澳門確實具備了這樣的條件。

▪ 昔日廣東四小虎

從香港、澳門、珠海到中山，一座港珠澳大橋把這幾座城市全部串聯起來。若是沒有這座大橋，從香港開車到珠海，必須繞行虎門大橋過珠江口，走個馬蹄形路線，是頗爲遙遠的距離。

港珠澳大橋從香港大嶼山的赤鱲角機場附近開始，直抵珠江口對岸的澳門和珠海。其中大約有二十三公里是在海上架起全球最高的斜張橋，還有

六．七公里的海底隧道，是透過深達一百一十公尺的鋼式箱涵所構築。這項難度極高的造橋工程令人讚嘆，未來勢必對串聯起來的周遭城市產生巨大影響，而這也是大灣區計畫的重要開頭。

尤其是珠海，發展相當快速。它從原本的小漁村蛻變成大都市，現今人口已經超過兩百萬。珠海市政府沿著珠江規畫了一條濱海大道，全長二十八公里，沿途並存慢跑步道與自行車道，景觀秀麗、舒適宜人。

這條濱海大道有個詩情畫意的名字「情侶路」，據說是上個世紀九〇年代，前國務院總理李鵬在此散步時即興想到的。這個典故有待考證，不過當時李鵬夫人確實跟在身邊一起散步，時任珠海市委書記梁廣大也隨侍在側。

粵港澳大灣區計畫中除了香港和澳門，其他九座城市裡的廣州和深圳經濟總量獨大、人均GDP最高，堪稱是領先群，接下來就是佛山了。走馬看花了幾座大灣區的城市後，我對佛山的印象特別深刻。

很久以前聽過「廣東四小虎」這樣的說法，包括南海、順德、東莞、中山這四個經濟發展迅速的地區。這個比喻最早出自一九八七年十二月二十日《廣州日報》一篇頭版報導〈廣東躍起「四小虎」〉，對應當時流行的「亞洲四小龍」。

在當年，四小虎的社會生產總值、國民生產總值、工農業生產總值和國民收入，年平均增長率都是兩成以上，發展速度遠高於中國其他地區。這是鄧小平改革開放之初的重大指標。

但我一直不曉得南海在哪裡。這次參訪佛山，才知道南海跟順德都是佛山市的市轄區。令人驚訝的是，南海區的人口居然已超過三百萬！這裡是新規畫的金融區，千燈湖周遭矗立了一整片高樓。順德則是台商聚集的生產基地，同樣超過三百萬人口。

佛山就在廣州旁，經濟實力比想像中還強，在南方九座城市中排名第三。放眼未來的大灣區，香港受到的衝擊肯定最大。廣州和深圳是中流砥杜，佛山則是潛力無窮！

■ 豪情萬丈女強人

這趟大灣區考察中，我們也參訪了位於珠海的格力電器。雖然我很熟悉格力，董明珠董事長卻讓我對她肯拚能拚的生命特質印象深刻。

我們一行人下了車，就看到在門口迎接的董明珠。她拿著麥克風從格力的過去講到現在與未來，對每個發展歷程如數家珍。這樣的簡報行程通常由經理人代勞，但董明珠不假手他人，全程「一婦當關」，充分展現她的豪情壯志。

多年來，關於董明珠的報導與軼聞多如過江之鯽，例如她跟小米集團董事長雷軍在二〇一三年時，打賭小米和格力五年後的營業額。雷軍說如果他贏了，只要拿一塊錢就好；董明珠卻說要賭就賭大一點，十億人民幣吧！結果，二〇一八年格力的營收是兩千億，小米只有一千七百多億，豪邁的董明珠贏了這一局。

這位女董的人生充滿傳奇。三十歲那年先生病逝，她帶著兒子獨自打拚事業，終生未再婚嫁。自一九九四年起，就把一生都奉獻給格力。但是，進入格力的第一年，就有半數員工被挖角，一度陷入窘境。因此一九九五年格力的四．六億營收中，董明珠一人就貢獻了一．六億，此後完全掌握格力的命運。

董明珠以一人之力成就格力的大格局。雖然如今持有的格力股份不到一％，卻爲當年投資三千萬人民幣的珠海市國資委創造了上萬倍回報。

參訪格力時，我緊盯著牆上的幾張圖表，包括營收累計一兆兩千九百五十五．六億、淨利累計一千兩百八十九．九億、累積現金股利四百五十四億、納稅一千一百二十三．八億……這些是格力從一九九一年到二〇一八年的成績單。

看著這些圖表，內心五味雜陳。

一九九〇年前後，中國家電產業處於萌芽階段，台灣家電產業則是全盛時期。當時我曾跟著聲寶集團總裁陳盛沺，參觀聲寶在北京盧溝橋附近的新廠。當年他正準備大張旗鼓、開疆拓土，後來卻功敗垂成。沒想到二十多年後，格力、美的、海爾都變成世界級大廠，台灣的家電產業卻被徹底邊緣化。如今想來，真是不勝唏噓。

○○○○○

合縱連橫的
亞太經合會之旅

秘魯

坐在黃金堆上的乞丐

亞太經濟合作會議又簡稱爲「亞太經合會」，是亞洲與太平洋區域各經濟體促進經濟成長、合作、貿易與投資的論壇，創始於一九八九年。目前有二十一個成員，包括太平洋沿岸多數國家。

一九九三年十一月二十日，第一屆亞太經合會領袖會議在美國西雅圖舉行，宣示會議目的爲：爲亞太人民謀取穩定、安全與繁榮。其後，每年召開一次領袖會議，由各成員輪流主辦，邀請成員領袖出席。

無奈的是，台灣是亞細亞的孤兒，所有國際場合都受制於中華人民共和國的一個中國政策，無法以「中華民國」名義出席，總統也不被允許出席每年召開的領袖會議。爲了持續在國際場合發聲，我們只能妥協由總統任命一位領袖代表，以「中華台北」名義出席。

二〇一六年五月，蔡英文就任中華民國總統。當年十月五日，總統府發布正式新聞稿，任命親民黨主席宋楚瑜為領袖代表，出席十一月十九日在秘魯首都利馬（Lima）舉行的領袖會議。

地球的圓周約四萬公里，這意味著地表上任兩點的最遠距離約兩萬公里。台灣與秘魯時差十三小時，隔著遼闊的太平洋遙遙對望，直線距離一萬七千多公里，幾乎快要分處地球兩端了。

很榮幸獲得宋主席的邀請，擔任代表團顧問，得以隨團觀摩。對我而言，飛到遙遠又陌生的秘魯，肯定是一趟腳踏實地的學習之旅。

▪宵衣旰食，全力以赴

二〇一六年的亞太經合會主題是「優質成長與人力發展」，包含四項議題：促進區域經濟整合及優質成長、強化區域糧食市場、邁向亞太區域微中小企業現代化、發展人力資本。爲了熟悉這些經濟議題，宋主席逐一找人協助做足功課，卯足全力迎接這項高難度挑戰。

爲何說是「高難度」？

首先，九二共識歧見使得兩岸關係跌至谷底，宋主席能否順利成行，受到外界高度關注。其次，川普在領袖會議開幕前意外當選總統，區域貿易協議出現變數，也讓川普成了這次亞太經合會的新話題。

第三，這趟旅程絕對辛苦，必須先飛十五小時到紐約，隔天清晨再從飯店出發，轉搭邁阿密航空包機，飛行四個半小時到巴拿馬技術加油停留一小時，再從巴拿馬飛三個半小時到利馬。

從紐約到利馬整整九小時，宋主席待在機上幾乎沒睡覺。他先到我座位旁，把他跟新任美國在台協會主席莫健（James Moriarty）的談話內容告訴我，聽聽我的想法，同時談到他自己對兩岸關係的看法，然後又輪番跟其他顧問討論議題。

隨行的李鴻源打趣地告訴我，跟著宋主席做事，一切都講求精準。馬凱則說，他身上的寶貝全被宋主席掏光了。下榻利馬的飯店後，眾多僑界人士前來歡迎宋主席。當大家都在飯店吃晚餐時，宋主席仍然找了一群核心幕僚討論講稿，完全沒用餐，看來是準備全力以赴了！

■ 貧富懸殊的社會

第一次踏上南美洲，當晚除了從機場到飯店，沿路沒見到什麼，隔日清晨就把飯店附近的米拉弗洛雷斯區（Miraflores，字面意思是「欣賞花朵」）跑了一圈。這個嶄新城區沿著太平洋海岸線，最高檔的豪宅與飯店櫛比鱗次，走出飯店就能看到無敵海景，心情暢快無比。

整片海岸都是隆起的峭壁，最底下的海岸線坐落著許多餐廳。馬路穿越峭壁中間，形成兩側都是山坡的景觀。我從最上面跑到最下面，再從底下爬上來，山海美景令人心曠神怡。

這裡是利馬最繁華的高級地段，各國代表團都住在這裡。根據經驗判斷，這個區域的人均GDP至少有一萬五千美元的水準。特別是太平洋沿岸的無敵海景區，到處都是豪宅，生活水準肯定更高。

爲了舉辦亞太經合會，秘魯連放四天假，紓解平時的壅塞交通，重要使館區也進行全面交通管制。利馬是沙漠型氣候，空氣品質原本不佳，放假減少車流後，改善了那幾天的空汙，可見秘魯當局非常認眞籌辦這場盛會。

不過，秘魯的三千多萬人口中，約有一千萬人集中在利馬，而利馬又有三分之一是貧民窟。換言之，我看到的是精華中的精華。因此在行程尾聲，我特別拜託秘魯代表處人員，帶我們到老城區貧民窟探個究竟，才能看到人均GDP七千美元的眞實經濟狀況。

這些貧民擠在沒水沒電的山坡小屋，街道坑坑洞洞，交通壅塞不堪，市場瀰漫著怪味，最常見的代步小車很像菲律賓的嘟嘟車（編按：Tricycle，為摩托三輪車。加裝外掛乘客座位，可搭載四至六人）。這景象跟我們居住的豪宅區有著天壤之別。

然而，這裡是首都利馬，首都以外的地方恐怕更窮。

可惜了這個國家

此趟行程目的是出席會議，除了在飯店附近跑跑，很難有機會離開利馬到處看看。例如有「失落的印加城」之稱的古蹟馬丘比丘（Machu Picchu）就在秘魯境內，卻沒有機會親臨現場，體會印加帝國的雄偉浩瀚，不免讓我也有些「失落」。

幸好，會議結束後仍有機會就近逛逛傳統市場，看看這個國家的生活水準與真實面貌。

首先映入眼簾的是四處林立的水果攤，擺滿了亞馬遜流域生產的熱帶水果，各式各樣、應有盡有。這裡的木瓜體型比台灣木瓜大很多，蒜頭和南瓜也大得嚇人。玉米有白有黑，顆粒更比台灣玉米大上一號。

較特別的是，秘魯的釋迦外皮是平坦的，不像台灣釋迦凹凸不平。攤位上也擺滿了可可果實，這在台灣就很少見了。最特別的是，很多攤商都在賣古柯葉，拿來煮茶，具有提振精神之效。不過，買了應該無法帶回台灣。

利馬雖然靠海，海鮮攤位卻不多，倒是現宰的溫體牛肉攤不少，牛舌、牛肚、牛心等內臟都直接掛在攤位上叫賣。

從一般傳統市場逛到高檔超級市場，市場物價大概比台灣便宜三分之一，人民也客氣和善，應該是安居樂業的好所在。

秘魯蘊含大量金屬礦藏，包括銀、銅和鉛，擁有拉丁美洲最豐富的黃金礦源，還有令人期待的天然氣產量，漁獲量甚至是全球第一。然而，這個國家始終無法繁榮昌盛，可說是「坐在黃金堆上的乞丐」，實在可惜了。

貪汙腐敗政治圈

遺憾的是，秘魯就跟拉丁美洲多數國家一樣，明明有豐富的資源，卻在政治上陷入不斷循環的軍事政變，再加上國內貪汙橫行，始終無法成爲眞正的樂土。有些國家甚至持續倒退，例如二十世紀初期曾經輝煌的富饒阿根廷。

秘魯國土面積一百二十八萬平方公里，全球排名第十九，比台灣大了三十六倍。人口三千多萬，二〇二三年的人均GDP卻是大約七千美元，不到台灣的四分之一。

在二〇一六年的亞太經合會上，東道主秘魯總統是庫辛斯基（Pedro Kuczynski）。他是一名經濟學家，當年七月才上任，卻在二〇一八年三月就因貪汙案被彈劾下台，就任不到兩年。

從二〇一六年七月至今，秘魯八年間已歷任六位總統，各個就像走馬燈，上下台都很快。目前在位的是柏狄娜（Dina Boluarte），恰好是秘魯脫離西班牙獨立後的第一百任總統，也是秘魯歷史上第一位女性總統。她是前任總統卡斯蒂略（Pedro Castillo）的副手，若不是卡斯蒂略在二〇二二年十二月涉及貪汙被彈劾下台，她還沒機會掌政。

有趣又悲哀的是，遭到彈劾下台的總統幾乎都與貪汙有關，可見這個民主國家一路走來仍跌跌撞撞。因此，柏狄娜這名律師出身的女性總統，到底能在凶險的秘魯政壇安坐多久，恐怕仍是未知數。

秘魯

失焦的領袖會議

二〇一六年的領袖會議結束後，時任秘魯總統庫辛斯基在利馬著名的魔法噴泉公園（Magic Water Circuit of the Reserve Park），以國宴款待各國代表團主要成員。我也是受邀者之一，正好就近觀察各國領袖的互動。

整體看來，中國國家主席習近平是全場焦點，一出場就響起熱烈掌聲，現場賓客湧向台前，拚命捕捉他和夫人彭麗媛的風采。走進宴會廳時，各國領袖起身相迎，向他致意，可見當年的中國多麼受到國際重視。

習近平坐在中左方，剛入座時，美國總統歐巴馬尚未出現，大約過了半小時才悄悄坐在中右方的位子上，沒有受到太多關注。或許是當時他準備卸任了，若是剛當選的川普出席，氣氛肯定大大不同，這就是殘酷的政治現實。

我們的領袖代表宋主席坐在右邊第二個位子，身旁坐著汶萊領袖。這種一字排開的宴會講究排場，各國領袖彼此很難說上話。後來我發現，表演節目結束、剛上第一道菜，習近平左手邊以俄羅斯總統普丁馬首是瞻的領袖都離開了，這時已是晚上九點。

第二道菜上來時，習近平夫婦也動身離席，各國領袖紛紛起身送別，此時已不見歐巴馬了。他到底什麼時候離開的，好像沒什麼人在意……

川普光是吹氣，就能影響全球

這場倡議打通貿易壁壘、強化自由貿易的亞太經合會，召開時間恰巧在美國總統大選結束後，歐巴馬的任期只剩最後兩個月。讓歐巴馬難堪的是，川普當選等於全盤否定他過去八年的政績。更不用說川普主張保護主義、提高關稅障礙，恰恰與亞太經合會的宗旨相反。

所以，雖然川普沒參加這次領袖會議，所有話題卻都在他身上。這種氛圍就讓出席會議的歐巴馬更難堪了，他也只能到利馬虛晃一招、做做樣子。

川普在大選前痛批《跨太平洋夥伴協定》（*Trans-Pacific Partnership*，TPP）是扼殺美國人就業的災難，揚言當選後要退出，而這項協定正是亞太經合會成員國發起的。因此，沒出席會議的川普反而成了這次亞太經合會上討論的焦點。

美國貿易代表語氣凝重地隔空提醒川普，若是退出《跨太平洋夥伴協定》，中國將趁勢而起，接手美國的角色，成爲全球貿易的新主導者，亞太各國恐怕會跟著選邊站。此外，像日本、澳洲、紐西蘭這些全力押注《跨太平洋夥伴協定》的國家則進退維谷，但他們似乎不想理會川普的態度了，準備放手一博。

台灣代表團來回都在紐約轉機，也在紐約住了兩晚。我在飯店打開電視，全是川普的新聞。雖然他還沒上任，卻好像已經掌握未來世界的主導權。

就像他表明反對《跨太平洋夥伴協定》，這次的亞太經合會頓時失去目標；他表示要用至少五千億美元擴大基礎建設，就讓全球原物料價格顯著攀升；他提到當選後要減稅，英國立即跟進；更可怕的是，川普光是用說的，美元就創下十二年來新高……

還沒正式上任，吹個氣就讓全球發生激烈變動，川普恐怕是前無來者的國家領導人，未來世界可能被他耍得團團轉。我在美國電視節目上看到川普的民調，評價非常兩極，這也是少有的現象。

然而，川普雖然強悍，卻也能屈能伸，選後竟然拜訪最猛烈抨擊他的《紐約時報》（*The New York Times*），還極力稱讚對方是稀世瑰寶。看來，任何事都有可能被川普改變！

自二〇一六年至今，這八年來全世界發生了哪些事，現在的我們都知道了。也看見二〇一六年十一月當選美國總統的川普，果真主宰了未來世界的走向。

讓世界看見台灣

代表團都還沒回國，國內媒體就議論紛紛，宋主席與習近平在這次會議中到底談了幾分鐘。

我不在會議現場，無法回答這個問題，但應該不只一分鐘。若要用時間來計算，就要先介定是哪一種規格。

這次亞太經合會最重要的領袖會議於上午十點開始，下午五點結束，二十一國領袖齊聚一堂。宋主席右手邊坐著新加坡總理李顯龍，左手邊是泰國副總理，再左邊是歐巴馬，正對面是習近平。在這場七小時的聚會中，大家有很多交換意見的機會。若是從這個角度來看，宋主席與習近平整整對望了七小時。

至於晚上的國宴，各國領袖大約七點就抵達會場，但是都在會客室交談，直到八點半才到台前。換句話說，他們有許多私下互動機會。

從客觀情勢來看，台灣的外交處境非常艱難，在國際舞台上承受來自中國的巨大壓力。宋主席把握機會與各國領袖互動，任何台灣人都不該自扯後腿。我們面對同樣的處境，想盡辦法走出去，讓世界看見台灣，才是最重要的事。

▪體力驚人，天道酬勤

從被視爲不可能成行，到不可能與習近平會面，最後都一一克服了，二○一六年亞太經合會之行順利完成任務。這樣的結果可套用宋主席初抵利馬時所說的「so far, so good」：行程非常遙遠，但一切都是美好的！

在閉幕記者會上，面對秘魯媒體的採訪，宋主席足足講了兩小時。他說這次跟二十一國領袖見面是「全壘打」，該見的都見了，該說的都說了。其中包括他與普丁的長談，不僅力邀普丁訪台，還談到開發西伯利亞的計畫。

與國際貨幣基金組織首位女性總裁拉加德（Christine Lagarde）對話時，他特別強調台灣中小企業的韌性，以及傲人的外匯存底。他甚至跟臉書創辦人祖克伯（Mark Zuckerberg）也有一場對話，提到臉書在台灣的滲透率全球第一，建議祖克伯將台灣作爲進入華人世界的跳板。

宋主席年輕時留學美國，英文造詣極佳，還能偶爾露一手西班牙文和法文。爲了登上這種國際大舞台，他使出渾身解數，爲這趟不可能的任務畫下完美句點。

我也是第一次擔任代表團顧問。宋主席親自打電話給我，說我能用大家都聽得懂的簡單語言解釋經濟問題，可以幫上很多忙，所以我便跟著他踏上這次旅程。在此之前，我跟宋主席只有一次互動，就是在他競選總統時，針對年金改革與財政稅務提供了一些建議。

就我這個局外人看來，宋主席積極任事、主動出擊。他在行程中不停地準備資料，即使在昏暗的機艙內，仍與幕僚進行沙盤推演。在飛往秘魯的包機上，更是主動向每個顧問討教，一刻不得閒。以他當時七十四歲的高齡，這樣的堅持令人感動。

從台北飛紐約十五小時，到飯店僅僅休息五小時，再飛九小時到秘魯。這行程連一般人都吃不消，宋主席卻一路精神抖擻。抵達秘魯後，時差十三小時正是午後睡意最濃之際，卻是他的戰鬥時間。

在宋主席身上，確實強烈感受到他奉行一生的座右銘——天道酬勤！

越南

徒具形式過個場

繼秘魯的亞太經合會之後，二〇一七年蔡總統再次邀請宋主席擔任領袖代表，率領代表團前往越南，參加在峴港（Da Nang）舉行的領袖會議，我很榮幸再次擔任宋主席的隨團顧問。

相較於一年前飛到半個地球外，前往越南的路程近多了，但這次會議卻有許多不同的焦點。

首先是川普在上次會議前當選總統，使得歐巴馬人氣變差。這次川普一定會展現與眾不同的風格，他的處女秀格外引人矚目。

其次，習近平在秘魯時已是超級巨星，成為全場焦點，但當時還沒召開中國共產黨第十九次全國代表大會，權力尚未定於一尊。過了一年，十九大已結束，權力一把抓的習近平對台灣抱持什麼態度、宋習之間如何「自然互動」，都是本次會議的焦點。

第三，各國紛紛完成權力更迭。上回南韓總統朴瑾惠有難，派了副總統出席，這次文在寅能否化解中韓兩國的薩德飛彈爭議也是當時的焦點之一。

最後是安倍晉三解散國會獲得大勝，在日本政壇地位更趨穩定，他在亞太經合會的發言分量也會跟著提升。

再度失焦的會議

我們是第一支抵達峴港的代表團，只見機場緊急動員爲宋主席鋪上紅毯，越南政府則派出負責台灣事務的全國商工總會長武進祿來接機。

峴港連日豪雨成災，從飛機上往下看，已成到處都是黃澄澄的水鄉澤國。宋主席步下飛機時，傘海串成的接機長龍幫忙遮風擋雨。爲了這場亞太經合會，峴港幾乎全城戒備，路上都是警方前導車。

亞太經合會原是各國領袖共商未來世界新秩序的最佳場域，偏偏這次遇上不按牌理出牌的川普。他先繞到日本會晤安倍晉三，再到南韓會見文在寅，接著又去中國拜會習近平，兩人的會談成了全球重中之重。會談結束後，美中兩個代表團才陸續抵達峴港，已逐漸模糊了亞太經合會的焦點。

此外，峴港的領袖會議結束後，主辦國竟然自己開了兩個戰場互打，又在首都河內舉辦大國元首國是訪問，川普和習近平都會參與。一年前在秘魯的亞太經合會因為剛當選的川普而失焦，這次更被眾多因素攪得完全沒有焦點。

當然，宋主席不想被這些紛紛擾擾影響，依然努力做功課，抓住每個讓台灣被看見的機會。

峴港海岸線浮世繪

來到峴港這座超過百萬人口的城市，印象最深刻就是飯店前的白色沙灘。

天色微亮，放眼一望，沙灘眞是美麗又乾淨。這裡是峴港有名的美溪沙灘（My Khe Beach），全長約三十公里，二〇〇五年被聯合國教科文組織認定爲全球最美的六片沙灘之一，甚至有「東方夏威夷」的美譽，是峴港新興的度假勝地。

美溪沙灘被維護得很好，不僅工作人員定期清理，當地政府也禁止遊客在沙灘上開趴狂歡，所以非常乾淨，適合赤腳散步。我穿著拖鞋走出飯店，再到沙灘上赤腳跑步，總共跑了八公里，酣暢淋漓。

微亮的海岸線充滿變化，從飯店這邊可以看到對面山茶半島上的純白觀音像。這尊是東南亞最高的觀音像，約七十公尺高。據說有了這座觀音像之後，峴港就很少遭受颱風侵擾。觀音像旁有座靈應寺，聽說很「靈」驗，有求必「應」。

越戰時期，峴港海濱是北越軍隊和美軍交戰最激烈的地方。戰後光是清理岸邊埋設的地雷，就花了很長的時間，直到這些年才快速發展，到處都是興建中的飯店。

我在路邊看到一則廣告，一幢正在興建的公寓大廈標榜：一個單位七十五平方公尺（約二十二坪），售價十五萬美元，完工後代為出租管理，回報率保證一成以上。這個有待開發的房地產市場，感覺充滿了機會。

峴港正逢雨季，連日下雨，水患成災。這天清晨難得出太陽，當地居民趕緊出門活動筋骨，呈現出一幅朝氣蓬勃的景象。

清晨六點，岸邊已有滿滿人潮，當地婦女一群一群聚集跳舞，沙灘上也盡是戲水人潮，令人驚嘆峴港居民起得真早。

再往西邊跑，一艘小漁船正在岸邊卸貨，還在處理深夜剛捕撈到的漁獲，很快就有識貨老饕來選購。這裡不是魚市場，而是現捕現賣的漁獲交易點，站在一旁看他們買賣相當有趣。

▪經合會晚宴眾生相

連續兩年參加主辦國為各國領袖舉辦的國宴，感覺就像國際政治競技場，可從各國的一舉一動聞到濃濃的政治味。

上次在利馬舉行的晚宴，華爾街出身的秘魯總統主導全場、談笑風生。雖已七十好幾，卻仍充滿活力。

這次晚宴由越南國家主席陳大光夫婦作東，從七點半開始，夫婦倆就站在場中迎賓，等待各國元首陸續抵達。川普到場時引起一陣騷動，跟陳大光握手許久，還對著鏡頭扮鬼臉。

最令人驚豔的，是年僅三十七、上任不久的紐西蘭總理阿爾登（Jacinda

Ardern）。她一身輕裝，像個小女孩突然闖入會場，十分吸睛且帶有張力。壓軸的當然還是習近平，他的車隊直到八點四十分才抵達，晚宴從九點開始。

習近平仍是全場焦點，坐在全場最中間。今年首度參加的川普坐在右側，往右是泰國總理帕拉育（Prayuth Chan-ocha）夫婦，再往右是宋主席，然後是李顯龍夫婦。有別於前一年的晚宴，這次各國元首都背對賓客坐在台下，維安變得非常重要。

從我的角度觀察，習近平坐定後，只在陳太光夫婦敬酒時起身一次，自始至終都坐著不動，只跟隔壁的領袖聊天。他就像金庸筆下武功高強、號令江湖的中神通，身後的維安非常嚴格，任何人都無法靠近。當然，宋主席也沒機會在那個場子來一段眾人期待的握手致意畫面。

川普雖然談笑風生，卻是最早離開的元首，臨走前還跟宋主席合影留念。宋主席跟川普坐得很近，不時隔著泰國總理跟川普聊個兩句。

相較於前一年，這場晚宴的規模至少縮水一半。各國領袖停留峴港的時間很短，習近平和川普都趕著隔天飛往河內進行國是訪問，菲律賓總統杜特蒂（Rodrigo Duterte）根本沒出席。

此時我深刻感受到，亞太經合會的命運繫於美中兩大國的態度，全球都聚焦在這兩國的元首，其他國家只能配合演出。或許，有朝一日亞太經合會的角色將逐漸淡化，只是徒具形式過個場而已。

越南

囫圇吞下那碗河粉

在兩岸關係的歷史恩怨糾纏下，台灣內部的政治競爭極其複雜，朝野始終無法一致對外，陷入無窮無盡的內鬥中。

果不其然，宋主席和幕僚都還在峴港打拚，國內的政治口水就開始亂噴了。時代力量前立委徐永明當時就抨擊，宋主席與習近平「沒有任何自然互動」，希望蔡總統「找個能明確彰顯台灣立場、發揮一定實質外交能力的人，免得賠了夫人又折兵」。

看到這樣的批評，身在峴港第一線的我實在有些感慨。

清晨六點起床後，宋主席開始參加一連串活動，傍晚舉行一場中外記者會，將近九點又宴請越南台商與僑胞代表，直到深夜十一點才結束。儘管說話一整天，腰桿仍直挺挺的，對一個七十五歲長者而言，「鞠躬盡瘁」這四個字當之無愧。

在中國的強力壓縮下，台灣的國際空間實在很小，不管要走到哪裡都很困難，不論由誰來當領袖代表都很難爲。但我敢說，宋主席絕對是最夙夜匪懈、最努力表現、最賣力讓台灣被看見的領袖代表。

這不是在拍馬屁，而是連續兩年跟著他出席亞太經合會的眞實感受。

噴噴口水很容易

更何況，這次亞太經合會的難度較前一年更爲困難，因爲川普和習近平另闢戰場，只在峴港待一天，其他人則是來此虛應故事，不可能談出什麼重大結論。宋主席已極盡所能在每一場會議中搶下發言權，甚至在參加國際貨幣基金組織總裁拉加德的論壇之前，還交待我擬出三套劇本，可見他多麼努力研究各項議題。

記者會上，宋主席透露他在午餐論壇時，特別把握機會最後發言。他說自己出生時，日本跟中國正在打仗；留學美國時，美國又與越南打仗。如今大家坐在一起，可以互相包容、彼此合作，共創世界和平。他希望各國拋棄歷史仇恨，攜手共創美好的世界。

發言當下，習近平就坐在宋主席對面。這段話其實隱含著要兩岸拋開歷史成見、共創美好未來的期許，可惜國內無人深入討論這段談話。

兩岸關係的主動權不在台灣，而是握在習近平手上。這次會議是習近平大權獨攬後、對台灣釋出訊息的重要場合，但我感覺到兩岸還沒到破冰階段。這不是宋主席積極努力就能解決的問題，蔡總統的角色更爲重要。

沒有親身參與過，不知台灣的處境有多艱困。而且，在美中兩大強權之下，其他國家都是小國。例如墨西哥（這個國家夠大吧！）早早就預訂了峴港皇冠假日酒店，但因爲中國代表團也選中這裡，逼得墨西哥代表團只能另覓他處。這就是國際政治現實，台灣的情況又比墨西哥艱困好幾倍。

忙到沒時間用餐

原本宋主席要在晚上七點宴請越南台商和僑界人士，卻因中外記者會延遲到八點四十分才結束，晚宴只好從九點開始。在場賓客雖然苦等了兩小時，情緒卻依然亢奮。宋主席結束開場致詞後就開始逐桌敬酒，大家都很熱情地高喊口號，站起來敬酒聊天，爭相跟宋主席合影留念。

可能整晚都沒吃到東西，宋主席實在太餓了，於是在逐桌敬酒結束後，趕緊點了一份當地的越南河粉。當時現場氣氛依然熱絡，宋主席以最快速度吞下那碗河粉，然後上台九十度彎腰鞠躬，感謝僑胞與台商支持、合拍團體照。送走賓客，晚宴結束時已過十一點。

這是宋主席第二度代表總統出席亞太經合會，已將他的能量燃燒殆盡。

其實這一年的情勢更加嚴峻，上回他還能跟習近平合影，這次完全沒機會公開拍照。大家都能感受到兩岸低壓持續著，僵局依然未解。這不是他一個人，就有辦法力挽狂瀾的。

現場看著宋主席飢腸轆轆、囫圇吞下那碗河粉，心中真是有些不捨。

美國已被邊陲化

連著二〇一六、二〇一七年陪同參與領袖會議，我就感覺到亞太經合會的角色逐漸式微，果然二〇一八年九月就看到外電報導，川普決定出席十一月上旬在巴黎舉行的一戰紀念活動，以及當月下旬在阿根廷舉辦的二十大工業國峰會（Group of Twenty，G20）。至於在新加坡舉行的東協峰會（East Asia Summit，EAS），以及十一月中旬在巴布亞紐幾內亞召開的亞太經合會，川普已指派副總統彭斯（Mike Pence）參加。

因此，二〇一八年的亞太經合會已確定川普不出席。當然，在美中貿易戰最敏感的時刻，也不會看到眾所矚目的川習會面。

這個消息引發外界的各種解讀，許多外電報導都說，川普缺席亞太經合會，更確立了美國實質上已放棄亞太地區的領導地位，拱手讓給中國。

但我不認爲全然如此，畢竟主辦國巴布亞紐幾內亞的資源很少，所有會議場館都是中國幫忙搭建的，大型旅館也不多，代表團可能被迫住在郵輪上。或許美國政府考量到維安特勤，決定不讓川普親自上陣。

其次，亞太經合會的重要性早已逐年下降，前一年在越南峴港就能看出。大多數領袖只在峴港停留一天，第二天就急著離開，領袖會議幾乎只剩合影留念的過場形式。

更關鍵的是，美國應該發現亞太經合會被中國掌控了。至少就我參與的兩屆會議看來，在秘魯總統的國宴上，坐在最中間大位的是習近平，堂堂美國總統歐巴馬被放到角落，這樣的座位安排已讓人嗅出端倪。

至於越南國家主席陳大光夫婦作東的國宴，我也在現場看著各國領袖依序入場。川普早早就抵達，習近平則是以壓軸姿態最後進場。在座位安排上，習近平也是坐在維安規格最高的位子，川普的座位則是在接近賓客的右方。

在重要會議上，座位安排隱含著很深的角力。因此，不論在秘魯或越南，都可以明顯看出中國才是主角，美國變成配角。換言之，在亞太經合會上，美國老早就被中國「邊陲化」了！

或許，二〇一八年三月開打的美中貿易戰，其實已在前一年的亞太經合會互動中埋下種子。

▪憶起安倍二三事

二〇二二年七月八日，日本前首相安倍晉三遇刺。七月十五日，日本大報《產經新聞》出現一篇追悼安倍晉三的全版廣告，由「安倍晉三台灣之友會」號召募款，共有一百七十五家企業、團體和個人聯名刊登，下款寫著「台灣人有志一同」。

這篇廣告在日本獲得廣大回響，由此可見，安倍晉三堪稱最受台灣民眾歡迎的外國政治人物。他的兩任首相任期，是日本憲政史上在位時間最長的紀錄；他的「安倍三箭」，逐漸改變失落三十年的日本；而他對台灣的友善，多數台灣民眾都能感受到。

安倍晉三遇刺後，宋主席邀我到他的辦公室敘舊，聊到我陪他出席的兩次領袖會議。宋主席回憶，安倍晉三在兩次會談中都表現出高度善意。尤其在越南時，爲了與台灣代表團會面，還特別將自己的東協會議行程延後一天。

兩人會面後，安倍晉三也發布新聞稿表示，日台具有共同價值觀，是非常重要的夥伴關係，必須持續深化交流。他也希望兩岸領導人能直接對話，和平解決爭議，維持區域和平與安定。

宋主席透露，他在蔣經國時代與安倍外公岸信介有數面之緣，也接待過安倍的外叔公佐藤榮作，這兩位都擔任過日本首相。因此，他與安倍晉三會面時，覺得份外親切，那些年仍有書信往來。

台灣經常感受到中國軍機繞行和國台辦官員叫囂的壓力，相較於安倍晉三的善意，北風與太陽的影響力孰勝孰劣，台灣民眾冷暖自知、點滴在心頭。

越南

美中貿易戰最大受益者

二〇一九年五月，越南政府公布當年第一季外國直接投資金額高達一百零八億美元，較前一年同期成長了八六・二％。這是個讓人眼睛一亮的數字，依照這樣的速度，全年超過五百億美元的機率不小，畢竟前一年的外國直接投資金額已達三百五十四・六億美元。

鄧小平改革開放以來，中國經濟快速成長，仰賴的就是每年幾乎超過一千億美元的外國直接投資金額。然而川普對中國祭出高關稅後，勢必加速企業從中國出走。

從整個情勢看來，美中貿易戰越演越烈，越南順勢成爲最大受益者。

對台灣電子五哥（編按：指五家台灣代工製造大廠：廣達、緯創、和碩、仁寶、英業達）而言，那時正爲了是否搬遷生產基地而進退失據。當然，企業決策者要爲公司成敗擔起最大責任，其他人無法幫企業決定設廠地點。但早起鳥兒有蟲吃，很早就到越南設廠的台商已在享受辛勤耕耘的果實。

例如凱勝家具老闆羅子文，二〇〇四年就把生產基地從東莞搬到越南，成爲世界級家具工廠。又如廣隆光電的李耀銘董事長慧眼獨具，一開始就選定越南設廠。二〇〇九年股價只有十幾元，十年後已漲到一百六十多元，連續三年每股盈餘超過十一元，搖身一變成爲績優公司。

懂得靈活移動腳步的經營者，肯定是美中貿易戰火下的最大贏家。

爲了拜訪這些靈活又努力的台灣牛，繼二〇一三年十月考察北越後，我決定在二〇一九年六月組團前進南越，直擊美中貿易戰在越南引發的巨大變化。

勢頭上的機會與挑戰

十年沒到胡志明市了，再度到訪時，強烈感受到這座城市的蛻變。從機場到酒店途中，就發現市容有了很大的變化，矗立起不少劃破天際的高樓。唯一不變的，是萬頭鑽動的摩托車。想從酒店穿越馬路到對面的西貢河畔走走，等了三分鐘仍然過不去。

晚上在西貢河的遊船上吃飯，看著兩側林立的高樓，深刻感受到胡志明市邁向現代化的神速。飯後到胡志明廣場散步，人潮擁擠，越南民眾快樂地聚在廣場上吃吃喝喝，呈現出和諧歡樂的景象。

此行我們要走訪十一家企業，從南寶樹脂、南紡、凱撒衛浴、儒鴻、建大輪胎、富林塑膠、錩新科技、富美興、百和工業、廣隆光電到廣越，這些早期布局的台商已成供應鏈移動的新贏家。

越南雖是美中貿易戰的最大受益者，二〇一九年後才想去越南設廠卻可能爲時已晚。因爲大量企業湧入越南，工資快速升高，加速用完人口紅利。這波浪潮大概會延續三到五年，沒有提前布局可能來不及。人流與金流加速湧來，房地產也會有一波漲勢，我就在胡志明街頭感受到越南崛起的勢頭。

不過，這個國家存在著一些有待解決的問題。其一是緩慢的公共建設，尤其是交通問題。越南國土呈長條狀，南北非常狹長，迫切需要貫穿南北的高速公路。但是，河內和胡志明兩大城市的高速公路建設都進展緩慢，外商卻越來越多，塞車問題必定越來越嚴重。

其次，越南的低價優勢很快就會消失，工資和地價肯定快速上升。凱撒衛浴的蕭俊祥董事長特別從台灣趕來爲我們進行簡報，他說二十多年前就到胡志明市附近的仁澤設廠，當年一平方米不到二十美元，現在已漲到一百多美元。工資也一直上漲，凱撒衛浴的工資平均超過一百二十美元。

現在大家一起看上越南，連中國本地企業都逐漸轉移過來，更是加速破壞越南製造業的生態平衡。所以，越南應該很快就會被擠爆。三到五年內，不少企業又要尋找全新的生產基地了。

越南確實充滿了機會，卻也充滿著挑戰。

天剛破曉，我沿著西貢河慢跑，路上車輛仍少。要回酒店時，車輛已漸漸變多，機車陣仗十分壯觀，根本找不到穿越馬路的機會。找了很久終於找到有紅綠燈的路口，看到綠燈準備過馬路時，卻只有汽車停下，機車仍直接呼嘯而過。

除此之外，西貢河水是黑的，河岸步道遍地垃圾，也有不少人睡在河邊……

■ 三星集團迅速遷入越南

參訪期間，我看到一些不可思議的數字：二〇一八年，三星集團的產值占越南國內生產總值二八%。前一年，三星貢獻越南的出口值爲五百四十億美元，二〇一八年更是超過六百億美元，占越南出口比重約四分之一。這些數字讓我們看到三星與越南經濟密不可分的關係。

美中貿易戰開打了一年多，台灣電子業到二〇一九年才驚覺中國面臨高關稅壓力，必須另覓生產基地。但手機組裝和筆電供應鏈都在中國，台灣電子業大廠實在很難掙脫。

當時廣達董事長林百里說，廣達淨利率只有一．四一%，如何抵擋二五%的關稅？英業達董事長卓桐華則表示，根本不可能把生產基地遷回台灣。但同樣是科技大廠，三星卻在二〇〇八年就開始遷廠。他們在越南北寧省拿到三十四萬平方米土地，前四年稅務全免，後十二年課稅五%，進口關稅、水電、通訊費率減半，真是好到誇張的投資條件。

所以從二〇〇八年起，三星在十年間默默建設越南生產基地，雇用超過十六萬名勞工。二〇一八年，三星電子在越南的銷售金額更高達七十四兆韓元，成爲撐起越南經濟半壁江山的巨大力量。

至於原本在中國的生產基地，三星則是一家接著一家地關閉，只剩廣東惠州的手機生產線。這十多年來，三星慢慢移動，台灣電子業卻仍在享受中國廉價生產基地的好處，如今才想到移轉生產基地已經太遲了。

▪山不轉路轉，路不轉人轉

參訪結束三個月後，我注意到一則新聞：三星正式關閉中國最後一個生產基地，廣東惠州廠是三星手機的重要生產基地，一九九三年正式營運，多年來就近供應中國市場。然而，當華為、小米、oppo、vivo 紛紛崛起時，三星手機在中國的市占率就一路狂跌，從二〇一三年的一五%降到二〇一九年的一%。

因此，三星乾脆將所有產能移到越南和印度，這是非常標準的新南向。截至二〇一九年十月，三星在越南有八座工廠，投資一百七十三億美元，製造了超過兩億支智慧型手機。在印度，則是設立五個研發中心、一個設計中心、兩座工廠，雇用了七萬名勞工。

原本市占率長期第一的品牌，隨著中國本土手機陸續崛起而節節敗退，在中國的市占率幾乎消失殆盡，乍看之下已經玩完了。然而，三星手機的全球市占率依然保持在兩成以上。既然少了中國市場，就在別處補回來，這正是所謂的「山不轉路轉，路不轉人轉」！

與時俱進、靈活應變，永遠是企業經營的生存關鍵。

越南

台灣牛在越南的拚搏

來到越南後，一連參訪了許多公司，這些公司的老闆幾乎都親自出馬爲我們簡報。這是一次扎扎實實閱讀老闆的機會，我被這些離鄉背井開創事業的企業家深深感動，也看出台灣背後的深層底蘊。

每天參訪三家公司，雖然路途不遠，但道路狀況普遍不佳，回到酒店幾乎都超過晚上十點。拜訪廣隆光電時，我們在距離工廠兩公里處遇到積水，只能改搭中型巴士接駁，可見這些企業家到越南設廠時，資源多麼匱乏。百和工業董事長鄭森煤就告訴我，當年來越南找土地時，常常找不到餐廳吃飯。

我們拜訪的企業皆屬傳統產業，都是賺辛苦錢，沒有一樣是容易的。例如錩新科技是標準的打鐵工廠，工作環境悶熱，還有高分貝噪音；建大輪胎的工廠兩端超過一公里，生產輪胎費工又費力。

然而，要賺這種辛苦錢，沒有厲害老闆應該也賺不到。像凱撒衛浴創辦人蕭俊祥，早年帶著一千五百元隻身創業。別人選擇去中國設廠，他卻選擇越南，一輩子就專注一件事：把凱撒衛浴做到最大、最強！

還有廣隆光電董事長李耀銘，高齡八十多歲了，依然精神抖擻地站在第一線，努力把鉛酸電池產業極大化。

台商在海外打拚，缺乏政府奧援，凡事都要靠自己。即使在艱困環境中，他們仍力圖殺出重圍，這就是台灣牛最原始的拚搏精神。

■看得比別人遠，想得比別人深

這趟越南台商參訪，百和工業董事長鄭森煌讓我印象最深刻。

我認識鄭董至少二十年了，但大多是在餐敍或演講場合碰面，只能簡單握手寒暄。這次總算有機會深入瞭解他的經營理念，讓我只能用「讚嘆」來形容。

鄭董個子不高，乍看之下並不突出，但心思非常縝密，在他身上完全展露「深謀遠慮」這四個字。爲了讓大家多瞭解百和，鄭董帶著執行副總許碧珠來到我們拜訪百和的前一站，然後在出發前往百和的路上，分別在兩輛遊覽車上進行簡報。原來他擔心塞車會延誤我們參觀工廠的時間，這件事讓我看到他的細心與用心。

他的工廠已考量到未來十年，甚至二十年的發展。當年建廠時，因爲那裡是沼澤地，鄭董堅持要把地基挖得更深一點。雖然爲此花費了更多金錢與時間，卻也證明了他的遠見。後來有許多工廠都因地層下陷必須重建，反而耗費更多成本。

此外，他早就料到水資源相當可貴，堅持收集雨水，廠內的蓄水池是游泳池的五十倍大，淨化技術更達到再生水可直接飲用的標準。更不用說別人沒冷氣他們有，自動化程度極高。最令人驚嘆的是，他們特別重視安全防護，從公司外牆到工廠大門都下足功夫，所以二〇一四年的越南暴動完全沒有衝擊到他們。

在人才培育上，鄭董相當重視具有發展潛力的員工，花錢培育人才一點都不手軟。不僅願意讓員工帶薪出國留學，更出資讓員工加強語言能力。

我在車行途中特別請教他，寶成和豐泰都是百和的客戶，這些年寶成停滯不前，豐泰卻飛躍發展，箇中原因究竟是什麼？鄭董立即嚴肅地表示：「你不要挖坑讓我跳！」他在越南、印尼和中國都有設廠，我也問他跟哪個國家的官僚打交道成本最高，鄭董還是嚴肅地說：「你不要害我好不好！」

由此可見，鄭董多麼深思熟慮，絕不輕率回答問題，免得說錯話得罪人。

百和以「三鉤牌」粘扣帶這種不起眼的配件起家，不斷地求新求變，如今成爲全球最大供應商。鄭董早年從彰化和美機車經銷維修起家，現在則職掌市值蒸蒸日上的大企業。但是他仍舊低調藏拙且心思細膩，穩穩掌握百和的發展，令人深感敬佩。

在夕陽產業中寫下傳奇

長久以來，紡織業是眾人眼中的夕陽產業。台灣的紡織類股從一四〇一（中國人造纖維）開頭，上市公司逾百家，已超過一半下市。沒下市的企業中，又有超過半數是在十元上下載浮載沉的低價股，只有儒鴻（一四七六）不斷超越自己，股價站穩四百元以上，市值超過一千億。

能有如此優異的成績，背後最大的推手是作風低調、高瞻遠矚的洪鎮海董事長。

一九七七年，洪鎮海與三名友人在新莊合資設廠，創立儒鴻。一開始的資本額只有五十萬，一九八一年再增資五十萬。洪鎮海從一九八五年開始擔任董事長，領導儒鴻將近四十年，直到二〇二四年六月才卸任，交棒給王樹文。

儒鴻從針織起家，一九九三年獲得美國化工公司杜邦（DuPont）授權認證，生產彈性布料。隨後在運動風潮中成爲服飾大廠Nike、Lululemon、Under Armour等公司的供應鏈，從此業績扶搖直上，股價也一路攀升。像郭董領軍的電子代工業被戲稱爲「毛三到四」，因爲儒鴻的毛利率卻達到三〇%左右，營業利益率也在二〇%上下，對電子代工業而言簡直不可思議。

這次到越南造訪儒鴻，洪董親自接待我們，也親自在展示間介紹產品。他每天戰戰兢兢地領導儒鴻，從三十幾歲奮鬥至今。每次見到他，心中都有著滿滿的感佩，儒鴻的股東眞有福氣！

▪ 沒有人比他更熱愛自己的公司

這趟參訪的最後一站是廣越，當我們的遊覽車駛進工廠時，只見遠處掛了紅布條歡迎我和呂宗耀。當時心想：呂宗耀沒有跟我一起來啊，是不是弄錯了？

原來呂宗耀一個月內來了越南四次，恰巧跟我們同一天抵達廣越。

廣越總經理吳朝筆親自爲我們進行簡報，劈頭就說：「廣越太便宜了，此時不買更待何時？」我參訪的公司多到數不清了，從沒見過這麼直接的，心想他是不是在騙人……

接下來，吳總開始介紹自家公司。他說廣越成立於一九九五年，由楊文賢、蔡石屛和他各自出資三百萬，頂下前東家的紡織廠，然後合力到越南設廠。二十多年前，越南的交通非常不方便，連找個吃飯的地方都很困難，但他們在艱困環境中搭建了一座又一座的工廠。

二〇〇〇年，王永慶和二娘來參觀他們的工廠，隔年王永在和王文淵也來了，後來台塑集團以福懋的名義入股二〇%。

經過這些年的努力，廣越已成爲知名運動品牌羽絨外套的最大代工廠。吳總相當自豪地說，他投入成衣業將近四十年，沒人比他更瞭解這一行，連機器都是他自己設計的。他還強調廣越的規模越來越大了，如果沒有廣越，國際品牌大廠一定很辛苦。

我在吳總身上看到熱情與驕傲。一開始以爲他在吹牛，後來才發現他是眞心熱愛自己的公司。一九九五年三人用九百萬創業，二〇一八年拜訪時的市值超過一百六十億，股價與市值讓他們的努力得到最大回報。

參觀結束後，吳總請我們在工廠吃便當，我也利用吃飯時間請呂宗耀發表心得，大家共度了一個充實的上午。看到吳總這麼熱愛自家公司，我也勉勵大家要熱愛自己的工作。畢竟，樂在工作絕對是幸福人生的泉源之一！

越南

兩年不見，如隔三秋

二〇一七年十一月，陪同宋主席到峴港參與亞太經合會，代表團成員被安排下榻當時剛落成的曼青大飯店（Muong Thanh Grand Da Nang Hotel）。這裡有一條海濱大道，還有著名的美溪沙灘。清晨可以打著赤腳到沙灘上散步，晚上則是能漫步於海濱大道上。我的印象中，這條海岸線有許多海鮮餐廳，但生意普普通通，人氣稍嫌不足。

時隔二十個月，結束南越的參訪行程後，我重回峴港享受三天的度假行程，晚上則到曼青大飯店隔壁的餐廳吃海鮮。兩年前，這塊地還在建大樓，但這次一進餐廳，就被洶湧的人潮嚇了一大跳，正在用餐的顧客至少有上千人。

更嚇人的是生猛海鮮區，不同的池子裡有各種海鮮，品項多到目不暇給。吃了好幾天又酸又甜又辣的越南餐點，我特別交代餐廳少油少鹽，輕烹調，重原味。幸好這家餐廳沒讓人失望，食材相當新鮮，大家都吃得很開心。

餐後特別到曼肯大飯店門口繞繞，回想兩年前的往事。這才發現，兩年不見眞是如隔三秋。峴港的觀光客大增，消費力也全面提升，短短兩年的改變力道十分驚人。

■ 打造全新觀光印鈔機

這次來到峴港，專程造訪巴拿山（Bà Nà Hills），因爲這是峴港五大必遊景點之首。以前巴拿山還沒這麼熱門，但越南政府在海拔一千四百公尺的山上搭建了一座「黃金佛手橋」（Golden Bridge，又稱金橋），從山壁伸出的雙手捧著圓弧形金色橋梁，遠看就像一條金色絲帶。

這座橋完工後，巴拿山頓時成為全球最熱門的打卡聖地，峴港也成為全球五十座「非去不可」的城市之一。

這是我第二次造訪巴拿山。第一次就是兩年前，領袖會議閉幕後與代表團成員一同前來。那天陰雨綿綿，遊客很少，多數店家沒營業，到處都在施工，金橋也正在興建中。

此次再訪，巴拿山已盛況空前，長長隊伍排到大門口，花了一個多小時才搭上纜車。導遊告訴我，假日造訪巴拿山的遊客往往超過三萬人，每人搭纜車約花費一千元台幣。這套從奧地利進口的全新纜車系統，就像印鈔機一般印出大筆觀光財。

下了纜車，走向全長一百五十公尺、橫跨在半空中的黃金佛手橋，景色十分壯觀。這裡原本是法國統治時期的避暑山莊，越南政府委託建築設計公司全力打造，竟然收到意想不到的吸客效果。

從山下搭乘纜車上山，單程距離將近六公里。光是搭纜車經過層層山巒已值回票價，如今加上黃金橋這個更大的亮點，觀光客當然蜂擁而至。

想吸引觀光客就要有新點子，創造突破性亮點。更重要的是積極投資，聘請設計高手創造吸睛美景。短短兩年內再訪巴拿山，變化巨大到令人驚豔，台灣的地方首長應該好好學習人家的創造力。

■ 多樣文化，匯聚會安古鎮

到了峴港，當然也不能錯過附近的古鎮會安（Hội An）。其實，兩年前代表團成員曾到會安一遊，但那天我必須陪宋主席會客，錯失參觀的機會，這次當然要去走走。

會安從十六世紀就開始發展了，數百年的生活環境保存良好，因此在一九九九年被聯合國教科文組織列為世界文化遺產。

旅行團到了會安，通常只是匆匆看過。這次我特別在會安住宿一晚，清晨起床才有機會將大街小巷跑過一圈。這是一座底蘊很深的古老城市，匯聚了華人、日本人和法國人遺留的文化。

最著名的古蹟景點就是「來遠橋」，這是日本人在一五九三年建造的，又稱爲「日本橋」。來遠橋以獨特的廊橋結構聞名，跨越在一條小溪上，作爲日本人與華人落戶的分界。街道上還有不少日本神社，佛教廟宇也都寫著漢字，更有許多老建築是拿破崙三世於一八五九年占領越南後保存下來的。中日法三種文化巧妙地交織在這座古鎮之中。

逛進市場後，頓時發現物資眞是豐富，水果漁獲皆有，可見居民生活不差。我看到一名婦人在切波羅蜜，香氣四溢，花了五萬越南盾（約七十元台幣）買了一片。禁不住果香就邊走邊吃，居然一口氣吃掉一大半！

越南民眾吃河粉當早餐，所以每條街上都有河粉攤販，大家在路邊坐下就吃。時至今日，這座百年古城依然古意盎然，想要體驗這種氛圍，只能用雙腳細細感受了。

終生難忘的最頂級酒店

我去過很多餐廳，留下深刻印象卻不多；我住過很多飯店，留在記憶中的也不多。然而，再次來到峴港，我特別指定下榻洲際陽光半島酒店（InterContinental Danang Sun Peninsula Resort），這回真的終生難忘。

指定這間酒店的起因，源於兩年前的亞太經合會。大國可以優先選擇酒店，當時聽說這間峴港最頂級的酒店被美國代表團包走了。因此，這次回到峴港的最大心願，就是住宿洲際陽光半島酒店。

這間酒店聳立在山茶半島上，享有自己的沙灘。它依山而建，分成幾個別墅群，共有一百九十七間客房，由規畫曼谷半島、清邁四季、三亞東方文華的設計師本斯利（Bill Bensley）操刀建造。

山茶半島幅員夠大，洲際陽光半島酒店才能享有如此大器的設計。赤腳走在沙灘上非常舒服，整個酒店區形成海天一色的景象。從海邊眺望客房時，絕美景色更令人感動萬分。

越南的人均GDP只有四千美元，卻能打造出如此舒適的度假勝地，可見其發展觀光產業的底氣。從北越的下龍灣（Hạ Long Bay），到中部的順化（Huế）和峴港，再往南到芽莊（Nha Trang），未來的觀光潛力不容忽視。

▪越南的靈活，台灣的無奈

住過洲際陽光半島酒店後，始終念念不忘那美麗沙灘。回到台灣半個月後，我就迫不及待前往金山的水尾漁港，赤腳在沙灘上來回走一圈，重溫峴港情懷，心裡也多了一些感想：

首先，水尾漁港淨灘有成，除了被海浪打上來的漂流木，海灘變得乾淨多了。其次，我們應該用更大的格局來思考，如何利用海景資源發展觀光。

越南政府懂得把整個山茶半島交給洲際酒店集團開發，假如新北市府來一次全球大招商，好好發展水尾漁港一帶的海洋資源，包括燭台雙嶼、獅頭山、總督溫泉等等，有沒有可能也誕生一處媲美山茶半島的世界級景觀呢？

同樣地，前基隆市長林右昌曾邀我到基隆走走，登上一〇一高地眺望基隆嶼。在潮境公園的平台上，我也向林市長提到，如果將整個八斗子公園這樣的無敵海景，從六五高地、八〇高地到一〇〇高地，委託給國際酒店集團經營，價值肯定不一樣。

林市長說他也有過這樣的想法，但國內法規太死板，地方政府動彈不得。微風集團創辦人廖偉志生前有意開發潮境公園，但他不幸病逝後，最後還是交給海洋科技博物館來管理。

越南是共產國家，卻懂得把好山好水交給國際級酒店集團開發；台灣是民主國家，卻因爲害怕圖利財團，用嚴格法規綁死自己，眼睜睜看著海洋資源凋零沒落。

水尾漁港附近有座造型別緻的海邊建築始終乏人問津，多年來都貼著「售」字，這就是台灣的無奈……

意猶未盡的
日本踏查與考察

九州地方

一種踢法練一萬次

Japan-Kyushu

時值二〇一八年三月，我跟幾位好友飛往日本福岡機場，搭車輾轉前往熊本縣，下榻星野集團的「界阿蘇」，準備來一場輕鬆自在的北九州小旅行。

這座別墅型度假飯店的建築原創精神，就是要感受木與石的溫度，在雪中泡湯的感覺特別好。它的位置在阿蘇九重國立公園內，占地八千坪，共有十二幢附設露天溫泉的獨幢客房。放眼望去，盡是破火山口地形的大草原，還有許多奔馳的馬匹，令人心曠神怡。

阿蘇九重國立公園涵蓋熊本縣與大分縣，一九三四年被指定爲國立公園，已有近百年歷史。它以熊本縣的阿蘇山和大分縣的九重山爲中心，總面積達七百二十七平方公里。

一早醒來，客房外覆蓋了靄靄白雪，我換上運動服到雪地上跑步，沒想到跑步鞋會滑，只能跑在車輪輾壓過的道路上。跑著跑著，飄落的雪片打在臉上，這是從未有過的暢快體驗。

這麼多年來，我已到日本參訪或旅遊許多次了，但幾乎都停留在關東、關西一帶，來回於東京、大阪和京都。難得來到九州，可以好好感受有別於繁華都市的風土民情。

▪古鎮物美價廉

離開界阿蘇後，我們向北走，抵達大分縣最西邊的小鎮日田市。這是江戶時代發跡的商業城鎮，屬於幕府直轄領地，被稱爲「九州小京都」，可以想見當年的繁華光景。

日田市有一條豆田町商店街，從日田車站步行十幾分鐘就能抵達。這是日本國家重要傳統建築群的保存地區，兩側盡是懷舊商店，充滿復古風情。走在街道上，彷彿回到數百多年前的江戶時代。

有個年輕人在老街上販售豬腳，沒有座位，只能外帶，品項也只有豬腳。一般而言，只賣一種商品就能屹立不搖，必有其過人之處，我一看到就買來品嚐。他的豬腳先蒸熟再烤過，入口即化、香氣四溢，果然別具特色。

豬腳攤對面有家販售生鮮食品的小店，不論小黃瓜、小番茄或洋蔥，每袋都是一百五十日圓，換算當時的匯率約四十元台幣。我又看了看其他水果，一盒草莓四百九十八日圓，一包小金橘三百八十日圓，一大盒香菇九百八十日圓，看來比台灣的物價還便宜。

幾天前抵達福岡機場時，曾在超市買了一大串來自屏東的香蕉，至少二十幾根，標價一百五十日圓。原本以爲是一根香蕉一百五十日圓，沒想到是一整串！嚇了我一大跳。想不到九州的物價這麼便宜！

有趣的是，我在這條老街上看到日本共產黨福岡支部張貼的文宣，反對安倍晉三把消費稅提高到一〇%，可見日本的政黨競爭也深入鄉下小鎮。

■水都柳川暗藏百年老店

接下來向西出發，抵達緊鄰九州最大海灣「有明海」的福岡縣柳川市。柳川也是座古城，以前是有明海濱溼地，爲了開墾成農地，逐漸開鑿出大量具灌溉排水功能的運河，所以也被稱爲「水都」。因此，搭著小船在運河上欣賞沿途風景，成了柳川的旅遊配套行程之一。

我們當然不會錯過這種愜意行程，大家一起搭上小船後，才驚訝地發現爲我們撐槳的船夫竟已八十高齡。

另一項配套行程，則是在百年老店「元祖本吉屋」品嚐蒸籠鰻魚飯。元祖本吉屋創立於一六一五年，已有逾四百年的歷史。我們常吃的蒲燒鰻是烤的，它的鰻魚飯卻是用蒸的，口感很特別。單點一客鰻魚飯是三千九百日圓，換算當時的匯率大約是一千台幣，與林森北路巷內登上「米其林必比登推介餐廳」的濱松屋價格相當（**編按：濱松屋已於二〇二四年十一月三日歇業**）。

除了鰻魚飯，菜單上還有炸鰻魚背鰭和鰻魚肝湯。簡而言之，元祖本吉屋專賣鰻魚，所有產品圍繞著鰻魚，光憑這一味屹立不搖四百年。

晶華集團董事長潘思亮說過，飲食是一種新奢華，是每天立即的享受，人人負擔得起，可以充滿創意，也可以連結地方與人文。不過，餐飲是相當競爭的行業，進入門檻低，退場也容易。

只賣鰻魚飯的元祖本吉屋能夠成為百年老店，箇中傳奇值得我們細細思量。

登峰造極的豚骨拉麵

離開柳川後，往北抵達福岡市。既然來到這裡，一定要去創業於福岡的一蘭拉麵總店嘗鮮。這裡永遠門庭若市，客人川流不息，過了晚上十點竟然還要排隊。

進入店內，先在自動販賣機投幣，找位子坐定後，按鈕請服務人員提供飯票勾選鹹度、辣度、是否加蔥加蒜等客製化項目。幾分鐘後，拉麵就端上桌，這應該是一蘭在全球各地的標準服務方式。

我點了一碗要價八百九十日圓的拉麵。上了二樓，發現位子都獨立隔開，這也是一蘭的特色。根據媒體報導，有些女學生不喜歡在別人面前吃拉麵，所以從一九九三年起，一蘭採用獨立座位設計，讓客人用餐時不必面對他人。

第一次到總店吃拉麵，感覺比台北信義區的分店還好吃。一蘭拉麵的最大特色就是濃郁湯頭與精選麵條。我點的拉麵比較便宜，接近陽春麵，湯頭卻十分鮮美。

一蘭有四十幾名研發人員。這些人就是專心做一件事：持續研發豚骨湯頭，極力追求正宗的豚骨拉麵。他們不開發琳瑯滿目的品項，只專注在豚骨拉麵，這就是核心價值。

這家一九九三年創立於福岡市的拉麵店，資本額只有四千萬日圓，全球有一千四百多名員工。在競爭激烈的日本拉麵市場，一蘭亨有良好的口碑，而它的成功策略只有一招——專注本業！

武打明星李小龍說過：「我不害怕練過一萬種踢法的人，但我害怕一種踢法練過一萬次的人。」在這趟旅程中，看到不少「一種踢法練過一萬次」的店家，包括豆田町專賣豬腳的年輕人、柳川的元祖本吉屋鰻魚飯，還有福岡的一蘭拉麵，他們都深刻演繹了這種「專注本業、將簡單產品做到極致」的職人精神。

■馬關條約，改變台灣命運

最後，我們抵達九州最北邊、隔著關門海峽與本州對望的北九州市，跨越關門大橋前往坐落在海峽邊的春帆樓。

歷史悠久的春帆樓位於山口縣下關市，在伊藤博文的支持下，一八八八年成爲第一家政府核准經營河豚料理的餐館。大家都是來這裡吃河豚大餐的，但我同時也來緬懷這個大清割讓台灣的地方。

日本和大清於一八九五年在春帆樓簽訂馬關條約，一九四五年此地遭到美軍空襲摧毀，目前的建築是原地重建的。不過，一九三七年六月，日本政府在春帆樓旁另闢「日清議和紀念館」，重現當年談判會議的場景，同時展示談判雙方使用的相關文件。幸運的是，這幢紀念館逃過了空襲浩劫。

人事已非，景物依舊，簽署條約的房間樣貌、談判雙方各自的座位都完整保留。李鴻章親筆寫下的兩行字仍高掛牆上，連讓他吐痰的痰盂都保存良好。

時間回到一八九五年三月十九日，李鴻章坐上德國公義號商船抵達昔稱「馬關」的下關港。三月二十四日遇刺，子彈打中左臉，幸未傷及要害。四月十七日他簽下馬關條約，台灣與澎湖成爲日本殖民地，徹底改變了台灣人的命運。

我常在想，如果沒有馬關條約，台灣會變成什麼樣？如果日本沒有攻擊珍珠港，台灣又會有什麼變化？在春帆樓，嘴裡品嚐著河豚美味，心中咀嚼的卻是無情歷史的多愁滋味。

九州地方

城市的精神就在文化

繼三月的北九州小旅行後，僅僅相隔半年，我和朋友又趁著中秋假期飛往西九州，到佐賀縣與長崎縣悠哉逛逛。

每到一個地方，我最喜歡觀察當地的物價。相較於福岡這座大都市，佐賀算是鄉下。看了看市場上的生鮮肉品物價，實在很便宜。最頂級的宮崎黑毛和牛一盒標價兩千九百八十日圓、烏賊一尾三百八十日圓、秋刀魚一條一百五十日圓、鯖魚一條兩百九十八日圓、雞翅一盒八十日圓……水果的價格也比台北便宜很多。

歷經泡沫經濟後，日本調養了三十年，逐漸變成「以人爲本」的社會。規畫這趟行程的朋友告訴我，許多國家不會讓他想去第二次，唯有日本的雄厚文化底蘊讓人沉迷，誘惑他一次又一次地不斷造訪。光是二〇一八這一年，他就造訪日本六趟了！

■ 放空獨處的好地方

天色微亮，大家還在睡夢中，我打著赤腳獨自走在飯店外的沙灘上。這裡是佐賀縣唐津市的浜崎海岸，位置偏僻，遊客稀少，連續兩天走在沙灘上都沒看到其他人。

這條海岸線種滿了黑松，成了別具一格的防風林。從附近的鏡山展望台往下望，這一大片黑松林眞是氣派。走在沙灘上聽聽浪聲，回頭看看自己的腳印，確實有放空的感覺，一時之間想起了蔡琴的歌曲〈我和我自己的影子〉：

我和我自己的影子　一起在街上遊遊盪盪

我和我自己的影子　一起走在無人的路上

……

喔　夜風吹　我和影子共陶醉

滄桑屬於過往　我有我的影子陪

喔　夜風吹　寂寞也無所謂

我和我的影子遊遊盪盪

在無人的路上，蔡琴有自己的影子相伴；在寂寥的沙灘上，我有自己的腳印陪伴。地點不同，心情卻相似。

下午時分，岸邊有隻貓咪恬靜地睡在一個平台上，悄悄靠近牠，還是睡得十分安穩。見到這麼怡然自得的畫面，忍不住拿起手機拍了幾張照片，能睡得如此安然眞是令人羨慕。

■ 呼子老市集，透抽新吃法

離開浜崎海岸後，我們前往唐津市呼子漁港，這裡有個呼子朝市，與石川縣輪島朝市、岐阜縣高山朝市並列爲「日本三大朝市」。「朝市」就是早市，最熱鬧的時間是上午七點到十點之間，十點後就準備收攤了。

雖是三大朝市之一，卻只是一條兩百多公尺長、禁止車輛通行的街道。很多小販會在街道上擺攤，販售在地蔬果或新鮮漁獲，很像台灣的傳統市場。

此地漁獲種類多樣豐富，最有名就是烏賊、透抽、軟絲、花枝、魷魚這類軟體動物。很多商家會把軟絲曬成一夜干，在路邊現烤現吃；也有小販叫賣捕撈的漁獲，一大盤只要五百或一千日圓。這個傳統市集已有數百年歷史，最大特色就是新鮮又便宜。

在呼子朝市，每家餐廳都有個池子讓饕客撈起活生生的透抽，直接沾麻油生吃。這道透抽沙西米是主菜，再加上一些小菜，一份套餐約一千元台幣，價格還算合理。在台灣很少有機會吃到這麼新鮮的透抽，大家都吃得很過癮。

■喝一杯歷史與文化

佐賀縣境內的陶瓷頗具特色，包括唐津燒（編按：器具有獨特且優美的陶土肌理粗細、色調、風格等）、伊萬里燒（編按：器具不僅有精美白色肌理，也有炫彩動人的繪圖）和有田燒（編按：器具輕薄，質感細膩，展現出白底藍花的彩繪燒製技術）皆享譽盛名。我們從唐津市搭火車經伊萬里市抵達有田町，出了車站步行約七分鐘就到了「Gallery 有田」，要在這間獨特的咖啡館喝下午茶。

到了咖啡館，目光立即被門口停放的一輛小車吸引，這是全球唯一用「有田燒花樣」來裝飾外觀的 Mini Cooper。咖啡館內高朋滿座，讓人不禁納悶明明是偏僻小鎮，怎麼有這麼多客人？

原來，在這裡喝咖啡可以自行選擇杯子，難怪盛名遠播、引來大批遊客。店家在牆上擺放了兩千多個充滿有田燒特色的咖啡杯任君挑選。這麼多精美瓷杯，應該會讓不少人出現選擇障礙。

除了品嚐咖啡、茶點，還能細細品味自己挑中的瓷杯，順便拍些美美的打卡照，人潮自然就聚集過來了。

我點了一杯咖啡和一份黑糖豆腐，只要五百日圓，價格相當合理。這家門庭若市的咖啡館告訴我們，只要善加結合在地文化，即使是窮鄉僻壤，也能創造不凡魅力，吸引各地遊客蜂擁前來，達到永續營運的目的。

溫泉小鎮的文青圖書館

喝完咖啡後，我們前往有田町東邊、以武雄溫泉聞名的武雄市。這個小鎮約有五萬人口，跟我的老家西螺差不多，卻矗立著一座世界級圖書館。

這座市立圖書館由武雄市政府和蔦屋書店共同打造，帶有濃濃文青風，壯觀的藏書令人目瞪口呆，沒想到浩瀚書海竟能構成如此美麗的畫面。因此，這裡早就變成遠近馳名的觀光景點。我們抵達時已近傍晚，停車場依然客滿，可見其無窮魅力。

城市的精神就在文化，圖書館帶動的閱讀力量深不可測。我特別走訪館內的政治經濟專區，全球藏書應有盡有，可見它不是徒具外表的空殼，館藏實力也不容小覷。

武雄市雖然只是個溫泉小鎮，如今這座世界級圖書館已爲小鎮帶來全新的生命力！

■ 從歷史傷痕記取教訓

旅程的最後，我們抵達佐賀縣西南邊的長崎縣，參觀長崎蛋糕的百年老店文明堂，以及眼鏡橋和令人印象深刻的原爆資料館。一九四五年，美國在長崎和廣島各丟下一枚原子彈，導致重大傷亡，成爲日本「終戰」的決定性因素。

在展場中，除了仔細端詳原子彈造成的重大殺傷力，我也在歷史年表前停留許久，內心波濤洶湧。我們這個世代非常幸運，所有毀滅性戰爭都在出生前結束了，所有人類歷程重大進展都能躬逢其盛。

第二次世界大戰前，歐美的政治經濟已出現巨大波動。尤其是一九二九年的經濟大蕭條（Great Depression），讓德國威瑪共和國（Weimar Republic）面臨嚴重通膨壓力，銀行紛紛倒閉，也給了希特勒（Adolf Hitler）崛起的大好機會。

同一時間，日本軍國主義蠢蠢欲動。希特勒在歐洲大陸上滅絕猶太人，日本則是從中國尋找出口：一九一七年出兵山東，一九二八年刺殺張作霖，一九三一年成立偽滿州國，最後在一九三七年越過蘆溝橋，中日戰爭全面爆發。

軍國主義橫行掌握了日本內部的命運，造成金融業崩壞，多名首相遇刺身亡，政黨政治運作完全失能。一連串災難導致全球逐漸走向毀滅，最後是美國以毀滅性武器阻止這個世界全面消亡……

歷史雖不會重複，卻總是帶有驚人的相似性。政治與經濟的焦慮感，常常讓有心人士有機可乘，將人類帶往毀滅，這是所有人都要省思的課題。

在台灣，每天看到政治人物毫無理性地互相攻訐，整個社會充滿焦慮與不安；電視上持續播放這些衝突，許多人也逐漸失去同理心。在日本放空自己、欣賞周遭美景的同時，我的心情卻也不免沉重了起來。

中國地方

山陽山陰走一回

日本列島主要由四座大島組成，從北到南依序是北海道、本州、四國、九州。位於列島中心的本州面積最大，超過八成的人口都居住在此，長期以來都是政治、經濟與文化的發展中樞。

在地理分區上，本州又分爲五大地方，從東北往西南分別是東北地方、關東地方、中部地方、近畿地方和中國地方。在這當中，位於本州最西邊的中國地方（包括鳥取、島根、岡山、廣島、山口五縣）不免引人好奇，到底跟「中國」有什麼關係？

其實沒關係，而是從十世紀起，日本人以「畿內」（當時的權力中心）爲中心，依照距離遠近將國土區分爲近國、中國和遠國，因而有了這樣的地名。

此外，中國地方也被稱爲「山陽山陰地方」，因爲這個區域被東西走向的脊梁山脈「中國山地」貫穿其中。中國山地以南、面向瀨戶內海的岡山縣、廣島縣和山口縣南部是「山陽」，屬於瀨戶內海型氣候，溫暖少雨。中國山地以北、面向日本海的鳥取縣、島根縣和山口縣北部則是「山陰」，屬於日本海側氣候，來自西伯利亞的冷氣團越過日本海帶來水氣，冬季經常出現大雪，潮濕陰冷。

由於地處偏僻、戰亂較少，中國地方可說是京都之外最盛行模仿唐朝文化的地區，遺留的古蹟也特別豐富。因此，儘管已在二〇一八年三月造訪北九州、九月造訪西九州，意猶未盡的我們又在隔年四月踏上日本，高唱「山陽山陰走一回」，再來一趟美食與放空之旅。

▪古意盎然，處處皆美

這趟行程的第一站是岡山縣倉敷市的著名景點：倉敷美觀地區。這是江戶時代遺留的古城區，約有四百年歷史。目前仍有倉敷川流經其中，水道兩側的街廓和建物古色古香，給人「枯藤老樹昏鴉，小橋流水人家」的深刻意境。

來到此地，最適合無拘無束地四處散步，沿著河岸兩側悠哉亂晃，穿梭在老街東看西看，然後登上鶴形山造訪超過三百年歷史的阿智神社。不論是河畔旁的柳樹搖曳、小橋上的拍照人潮、街道上的特色小店，或是登上阿智神社眺望遠方，這座四百年老城就是古意盎然、處處皆美。

在楊柳岸邊，赫然發現星野仙一紀念館，同行友人匆匆走過，只有我不由自主地走入星野世界中。喜愛日本職棒的球迷應該都聽過這個名字，他是倉敷市出身的老一代棒球人，地位就像現在的鈴木一朗，備受日本人尊敬。

一九六九至一九八二年，星野仙一是中日龍知名投手，退休後擔任過中日龍、阪神虎和樂天金鷹總教練，也是讓樂天金鷹登上日本第一的推手。最後於二〇一四年退休，將一生歲月都奉獻給棒球。

星野仙一在二〇一八年一月因胰臟癌病逝，享年七十一歲。倉敷地方人士為他設立了這座紀念館，入口處設有他的塑像，對他的貢獻充滿了景仰。

他來過台灣很多次，不僅是投手郭源治的老師，也拉拔過外野手林威助，更爭取過外野手陽岱剛。日本人對棒球的專注與敬業令人佩服，參觀紀念館時，突然想起已逝的兄弟象總教練曾紀恩和前味全龍總教練徐生明，他們也為台灣棒球付出了一生。

▪又老又窮的島根風貌

「又老又窮」是當年台灣地方選舉最響亮的口號，這回我們特別從山陽走到山陰，造訪緊臨日本海的島根縣。相較於緊臨瀨戶內海的山陽地區，地形多山且耕地稀少的島根縣人口嚴重外流，確實呈現出又老又窮的景象。

我們下榻的飯店在松江市宍道湖畔（宍音同「肉」），這座湖周長四十七公里，比全馬距離還長，是日本第七大湖。不過，只有飯店前方約兩公里步道可以跑步。我走進一間大超市，超市內販售的生鮮蔬果實在便宜，一盒大草莓三百五十八日圓，一大盒雞蛋只要一百六十八日圓。

松江市是島根縣廳所在地，也是整個山陰地區人口最多的城市，卻也只有二十萬上下，可見人口外流多麼嚴重。

這座城市興建於一六一一年，歷史悠久，所在的出雲平原也是日本文明較早發展的區域。基於軍事需求，以前挖了很多水路，如今這些水路都變成觀光路線。蒼松老樹加上傳統建築，映照著廣闊的宍道湖，即使又老又窮，依然風韻猶存。

將便當文化發展得淋漓盡致

從松江市返回台灣當天，我們起個大早。先在松江車站搭上特急列車直奔岡山，再搭JR新幹線抵達大阪。我發現JR新幹線車廂內部跟台灣高鐵幾乎一樣，原來台灣高鐵跟日本新幹線系出同門。

到了大阪，再坐上專爲關西國際機場建造的「關空特急」，直達矗立在人工島上的機場。以前出國旅遊參訪都是遊覽車搞定一切，這回改搭火車到機場，感受截然不同。

在大阪車站內，我注意到幾項有趣的特色，首先是發揮到淋漓盡致的日本便當文化。車站內的重要位置都在販售便當，各式各樣的菜色都有。便宜的便當約四百日圓，最貴的牛排便當標價三千四百五十日圓，還特別強調牛肉產地。我們一行人買了標示「近江牛」（與松阪牛、神戶牛並稱日本三大和牛）的便當在列車上吃，雖然不便宜，卻美味無比。

另一項特色是，車站書店擺放了不少探討平成三十年（編按：西元二〇一八年。本次行程當年當月適逢明仁天皇在世退位，由德仁親王於五月一日即位，更改年號為「令和」）成敗的書籍，也有報導德仁新天皇的書籍問世，可見日本閱讀風氣不像台灣衰退得那麼厲害。

第三是日本火車設有女性專用的車廂，男性不得進入。這是保護女性的特殊設計，希望台灣日後也能跟上。

■ 強大觀光軟實力，值得借鏡

二〇一九年初，日本政府公布前一年入境遊客達三千一百一十九萬人次，相較二〇一七年成長了八．七％。若非後來受到疫情影響，日本政府原本預計在二〇二〇年東奧期間，入境遊客能達到四千萬人次，最終目標則是六千萬人次，成為全球觀光大國。

安倍晉三在二〇一二年底上台後，隔年的入境遊客只有一千萬人次左右，跟台灣在伯仲之間。然而，安倍晉三力挺服務業出口，遊客人數呈現飛躍式成長，短短六年增加了三倍，站穩三千萬人次。反觀台灣，很多縣市首長都宣示全力拚觀光，但是拚了這麼多年，遊客人數始終停留在一千萬上下。

日本衝刺遊客人數不是嘴巴喊喊，而是舉國上下全力配合，他們拚觀光的方式值得台灣借鏡：

一是日本美景。大到富士山、輕井澤，小到各地鄉間，可說無處不美。反觀台灣只重視日月潭、阿里山這類大景點，很多小地方都被忽略了。像是新竹的尖石、內灣、峨眉、北埔，或是苗栗南庄、桃園大溪、雲林古坑。這些小景點各具特色，地方政府卻各行其是，很難從點到面整個連結起來。

二是日本美食。很多台灣觀光客去日本就是為了享受美食。在路邊隨意挑選和食餐廳，或是簡單吃碗拉麵，道道都有一定的水準。即使是如日本和牛這類更高檔的料理，也不會比台灣昂貴。

三是日本產品。許多人會特地前往日本大肆採購，順便旅遊，因爲「日本製造」（Made in Japan）特別受人喜愛。

四是良善人民與服務。日本人的待客之道令人感動，像是深深鞠躬迎賓，跪著送餐鋪床，都能感受到他們富而好禮的內涵。

五是日本整體文化。大山大水固然是吸睛焦點，巷弄間的生活才是旅行重點。有時候，出國旅遊是體驗別人的生活方式。好山好水可能只有一次性的吸引力，豐富文化才能感召遊客，讓人想要持續造訪。

所以，有些國家去過一次就夠了，有些國家讓人忍不住一去再去，日本就是這樣的國家。台灣人特別喜歡去日本旅遊，有些人甚至一年去好幾趟。一位住在高雄的朋友就告訴我，他去日本的次數竟然比到台北還多！

台灣曾經全力吸引陸客，卻選擇殺價衝量的錯誤方法。增加了觀光客人數，利益卻全給一條龍業者拿走。這樣不僅糟蹋了旅遊品質，也讓觀光產業陷入惡性循環。明明有好山好水，卻始終無法進步，台灣人應該深自檢討，日本發展觀光業的策略也值得台灣認眞學習。

近畿地方

疫情前最後一趟海外考察

整整闊別了五年，財金文化金融家考察團終於選在二〇一九年十一月再次造訪日本。這次將以東京奧運爲主題，走訪相關企業，感受日本失落三十年後的華麗再現。

這趟考察從愛知縣的豐田汽車總部一路向東，陸續拜訪東京都和千葉縣的優質企業。

就我個人而言，這是兩年內第四次踏上日本國土。前三次是輕鬆旅遊，這次是企業考察。

然而，令人意想不到的是，此趟行程結束不久，嚴重特殊傳染性肺炎（COVID-19）疫情就全面爆發，各國開始封鎖國境，跨國移動瞬間終止。這樣的情況延續了三年多，跨國旅遊與交流才漸漸恢復。

因此，二〇一九年十一月這趟日本行，意外成了疫情前的最後一趟海外考察，再回到日本已是四年後。無法出國的這四年，我們只能在台灣各地勤加走訪。

疫情蔓延對日本的衝擊更大，東京奧運也無法如期在二〇二〇年夏天舉辦，被迫延後一年。但所有人都沒料到，直到二〇二一年夏天，疫情依然控制不住，日本奧會只能硬著頭皮勉強舉辦，但不開放觀眾入場參觀，小心翼翼地在防疫措施與運動盛會之間取得平衡。

儘管東京奧運順利落幕，但是原本冀望奧運帶來的觀光收益幾乎歸零，疫情又造成重大傷亡。對日本舉國上下而言，真是雪上加霜、禍不單行的折磨……

■大快朵頤松阪牛

這趟行程，我們的班機降落在大阪府關西國際機場。大夥先去奈良縣東大寺走走，傍晚直奔三重縣松阪市的和田金，品嚐在地松阪和牛。

松阪市的人口只有十六萬，夕陽剛剛落下，街道已人煙稀少，但和田金的燈光是明亮的。這家正宗松阪和牛店創立於一八七八年，已有一百四十多年歷史。

松阪市有兩家知名的松阪牛餐廳，一家是和田金，一家是牛銀。前者服務王公貴族，後者服務有錢士紳。其中又以和田金最具代表性，所以有人這樣說：「說到三重縣，就會想到松阪牛；說到松坂牛，就不得不提到和田金。」

店內最具代表性的，就是松阪牛壽喜燒，由訓練有素的「燒手（壽喜燒職人）」提供爐邊服務，親切又專業。先在一片生牛肉上直接淋上清湯，這是口感極致的牛肉湯。壽喜燒煮好後，再撈起大片牛肉放入打散生雞蛋的盤子配著白飯吃，令人讚不絕口。

這讓我想起五年前在東京六本木吃壽喜鍋的情景。當時的燒手是年約七旬的阿嬤，親切感油然而生，好像回到西螺老家吃飯，媽媽幫我夾菜。台灣的餐廳大多聘用工讀生，或是剛畢業的年輕人，講究標準服務流程。雖能減少出錯機率，卻少了一種回家吃飯的滋味。

其實，日本人早年並不吃牛肉，直到一八五四年，美國海軍將領培里（Matthew C. Perry）率領軍艦要求日本通商後，日本人才開始吃牛肉，進而產出全球最好吃的牛肉。

松阪原名「松坂」，一五八八年建城，在豐臣秀吉時代是商業名城，一八八九年改為現在的「松阪」。這座只有十六萬人的小城，竟能飼養出讓全球老饕為之瘋狂的和牛，實在不可思議！

▪終生難忘的海女爐邊燒

隔天上午，驅車前往鳥羽市的御木本眞珠島，觀賞海女潛水抓海產的表演。接著前往海女之屋八幡窯，享用海女從海底抓上岸的海鮮，包括龍蝦、鮑魚、海螺、貝類等等，新鮮感十足。

我們的遊覽車抵達時，一群海女拿著中華民國國旗一字排開，列隊歡迎，讓人驚喜萬分。日本海女文化由來久矣，這群海女都年逾半百了，現場最資深的海女至少七十幾歲，可見年輕人都不想幹這種辛苦活。

歐巴馬訪問日本時，也曾被招待爐邊燒（選用新鮮海鮮，以炭火在食客面前現烤），讓他印象深刻。如今在海邊小屋，大家圍在一起享用放大版爐邊燒，全是活海鮮，加點鹽巴燒烤，味道著實鮮美。

海女之屋的燒烤非常有創意，創造了很多驚奇，業者也十分用心。這一餐令人終生難忘，絕對值得四面環海的台灣觀光產業借鏡。

伊勢神宮裡，難忘美食老街

這天的行程都在三重縣東南端的志摩半島上，相對距離不遠，不必拉車太久。吃完爐邊燒，我們前往伊勢市，拜訪日本人一生至少要來一次的伊勢神宮。

這座神宮已有兩千年歷史，日本眾神中位階最高的天照大御神坐鎮在內宮，因此成了日本人的心靈原鄉。早期只有皇室可以參拜，江戶時代才開放給一般民眾。伊勢神宮共管理一百二十五座宮社，包括外宮和內宮兩座正宮，以及眾多別宮、攝社、末社、所管社等等，遍布在伊勢市、志摩市、松阪市、鳥羽市、度會郡、多氣郡等四市二郡之間，又被稱為「神宮一二五社」。

相較於眾多宮社，我對內宮附近的老街更感興趣。這條老街是「伊勢內宮前托福橫丁」，或稱「福恩小街」，民眾參拜內宮後通常會來這裡逛逛。除了販賣傳統雜貨和紀念品，老街上最出色的就是美食，難怪人潮洶湧到可用摩肩擦踵來形容。

我在入口處看到專賣松阪牛的握壽司，分成松、竹、梅三種價錢，最貴的要價一千四百日圓。這個壽司攤只有一個小窗口，交錢排隊後，拿取壽司站著吃，卻意外地美味。往前走有鮑魚攤，最大顆的鮑魚是一千五百五十日圓，後面還有小籠包攤、果汁攤，烤魚攤……攤位與美食多到只恨自己食量小。

台灣也有不少著名老街，串起老街人氣的通常就是美食。這條福恩小街雖然不長，卻把美食精神發揮到淋漓盡致，值得前來走走。

■百年汽車工業大變局

享受美食後，正式展開企業參訪行程，就從日本市值最高的汽車大廠豐田（Toyota）開始！

豐田汽車創立於一九三七年，一九五九年股票上市，全球設有六十多座生產基地，遍布二十幾個國家。這家從創立至今售出超過兩億輛汽車的大廠，正遭逢汽車工業百年來最大的衝擊與變革。

我們來到愛知縣豐田市的豐田總部。這座城市距離名古屋市不遠，是愛知縣境內面積最大的行政區。人口四十二萬，僅次於名古屋市。隨著豐田汽車日益壯大，這座城市聚集了四百多家汽車相關工廠，與豐田有關的員工超過九萬人，是個典型的汽車城，因此在一九五九年將原名「舉母市」更改為豐田市。

在東京本社的協助下，我們先參觀豐田汽車生產線，實地目睹他們的生產模式。

豐田生產模式（編按：Toyota Production System，簡稱TPS。其核心精神就是隨時檢討反省，力求不浪費人力、物力、時間與動作）一直是過去半世紀的企業經營典範，也是備受管理學界熱烈討論的個案，如今卻面臨巨大的衝擊。

最明顯的就是人工智慧與資訊科技襲捲而至，除了Tesla的電動車，連資訊業的Amazon、Google和Microsoft都搶進這個市場。豐田先進技術開發執行副總爲我們進行簡報，說明這場汽車工業百年變革的四個主題：一是聯網化（Connected），提高移動的附加價值；二是自駕化（Autonomous），減少事故的社會成本；三是共享化（Sharing），更有效地應用資源；四是電動化（Electric），解決資源與環境問題。

爲了因應衝擊，他們在二〇一六年成立豐田研究所，專責人工智慧研究與應用，同時改變過往的作風，開始跟軟銀集團甚至其他科技公司合作。在這次參訪中，豐田展示了無人自動駕駛小巴「e-Palette」，也準備推出一款內建AI學習助理的自駕電動概念車「Concept-i」。總而言之，新科技旋風逼得這家八十多年老企業持續求新求變。

或許外界認爲豐田的變革速度不夠快，然而半個世紀來，豐田仍是日本的領導典範企業，股價持續攀升，始終是穩健投資的良好標的。

產業的變化速度越來越快，豐田身處巨變暴風圈中，每一步變革都會引來全球重視，且讓我們拭目以待。

關東地方

屹立在首都的不凡企業

一八七一年，明治天皇新政府實施「廢藩置縣政策」，奠定了日本「都道府縣」一級行政區制度。目前的行政區是根據一九四七年《地方自治法》劃分的，分別設立了一都（東京都）、一道（北海道）、二府（大阪府、京都府）、四十三縣。

東京都轄下有二十三個特別區、二十六個市、五個町、八個村，行政首長是「知事」，而非「市長」。不少人習慣將東京都稱爲「東京市」，其實沒有這樣的說法，這是將台灣的地方行政劃分制度誤用在日本。若要指涉熱鬧的「東京市區」，大概是轄下二十三個特別區，例如台灣人耳熟能詳的澀谷區、新宿區、品川區、千代田區、港區等等。

截至二〇二四年五月底，東京都有一千四百一十七萬人，是人口最多的一級行政區，也是日本的政治經濟文化中心。想當然耳，能在日本重要經濟中樞屹立不搖的大型企業，肯定卓越不凡、別具特色。

都市叢林中也有可愛動物區

我們來到東京都港區，拜訪在台灣人力資源顧問產業相當知名的保聖那集團（Pasona Group Inc.）。二〇一八年，這家企業有九千多名員工分布在全球，總營業額三百二十七億美元，是亞太地區首屈一指的人事管理顧問公司。

一般而言，這個產業規模偏小，保聖那能如此擴大實在不簡單。而且，不僅集團本身在東京證券交易所市場第一部上市，市值逾八百億日圓，旗下子公司 Benifit One Inc. 同樣在東證一部上市，專門承辦企業福利委員會業務，成長力道強勁，市值甚至高達三千多億日圓。

參訪當天，創辦人南部靖之不在日本，但他特別交代台灣分公司總經理許書揚親自爲我們進行簡報。許書揚在一九九一年加入保聖那，表現優異，曾經獲頒保聖那全球海外分公司績效最佳經理人獎，人力資源相關著作頗多，實爲業界翹楚。

他告訴我們，保聖那從關心家庭主婦就業、爲身障人士創造雇用機會開始，到振興農村產業的地方創生、成立淡路島青年聯合會等等，標榜產業創新與地方創生，一切都根源於創辦人的特殊經營理念。

我特別喜歡他們「Job Hub Travel!（讓工作像旅行）」的理念。由於日本勞動人口逐漸減少，全球旅行者卻日漸增加，所以南部靖之希望未來的工作要像旅行般自由，這跟我經常強調的「樂在工作」不謀而合。

在這裡，我們看到相當獨特的企業環境，從綠建築到充滿植栽的辦公室，都帶來綠意盎然、生氣蓬勃的感受。最特殊的是，在寸土寸金的東京都內，創辦人居然奢侈地空出一層樓設立「大手町牧場」，飼養鸚鵡、綿羊、小豬、馬匹、雞群、羊駝、貓頭鷹、丹頂鶴等動物，讓居住在都會中的東京居民有機會與動物親密接觸。

這樣的經營手法非常特別，可惜此次參訪無法切磋創辦人的內心世界，只能等待下次機會了。

■用創新科技感動世界

同樣位於港區的國際巨型企業，還有台灣民眾熟悉的索尼集團株式會社（Sony Group Corporation）。

索尼是日本資訊產業的佼佼者，也是日本科技影響全球的代表性企業。同樣地，新科技巨浪的衝擊正促使索尼加快改革速度，因應未來多變的世界。

在總部大廳牆面上，展示著索尼不同階段的產品演進過程。從最早的電視機、收音機、手機、遊戲機等硬體，到音樂和電影等軟體發展。索尼在科技創新過程中始終占有一席之地，但似乎也都有所極限。例如手機，他們的Xperia一度竄紅，現在的市占率卻很低；又如PlayStation遊戲機系列，也面臨微軟X-Box的強烈挑戰。

一九八九年泡沫經濟破滅前夕，日本買遍全世界；泡沫經濟破滅後，日本在美國買下的資產幾乎回到美國企業手上。只有當年高價搶下的哥倫比亞影業（Columbia Pictures），至今仍在索尼手上，持續發揮著影響力，這一點讓我倍感興趣。

二〇一八年，索尼的電影事業營收達九千八百六十九億日圓，占總體營收八．六七兆日圓的一一%，關鍵就是索尼相當重要的資產——智慧財產權（Intellectual Property，IP），包括藝人、攝影棚設備、音樂和圖像。光是索尼音樂的營收，就高達八千零七十五億日圓，占了九%，這個數字比Spotify

和騰訊音樂還大。然而，當年 Spotify 的市值接近三百億美元，索尼音樂卻被包在大公司內，很難展現個別企業的價值。

他們的部門主管進行簡報時，開宗明義就說：「索尼正在尋找存在的意義與價值。最核心的價值就是——用創新科技感動世界！」這個核心價值很好，現任會長吉田憲一郎的確也經常強調夢想、好奇、誠實，以及持續可能性的經營理念。

然而，我總覺得索尼過於龐大，或許有必要來一次大拆解。例如他們的金融保險業務仍占一五％，這是前經營者留下的事業體，放在既有集團內就是怪怪的。此外，在硬體製造上，索尼還有一個頗具競爭力的「影像暨感測解決方案部門」，包含 CMOS 影像感測器（Complementary Metal-Oxide-Semiconductor，互補式金屬氧化物半導體）和相機模組等產品，占了一〇％。若是獨立成一家上市公司，市值將十分可觀。

我問他們未來會不會考慮重組，他們看起來面有難色，或許有無法對外說明的難處。只不過，如果索尼不再煮大鍋飯，認眞思考全新的企業內容與架構，日後的每一步可能會走得更有力道。

當然，這家創立於一九四六年的長青企業，仍然有著深厚的內涵和底蘊，在可見的未來絕對不容世人忽視。

最能專心工作的場所

離開港區後，我們轉往千代田區，拜訪號稱「眼鏡界Uniqlo」的Jins（睛姿）。董事長兼總經理田中仁的經營手法非常創新，連辦公空間也很另類。

Jins的經營策略採用SPA模式（Speciality Retailer of Private Label Apparel，自有品牌專賣零售業）。也就是直接連結生產者與消費者，取得生產線控制權，免去中間貿易商的成本轉嫁，開創了平價眼鏡時代。他們推出一副只要五千日圓的眼鏡，大受日本民眾歡迎。

截至二〇二一年底，Jins在日本有四百七十二家門市，中國有一百七十五家，台灣則有五十五家，其他地區有十多家，光是在日本賣出的眼鏡數量就超過六百萬副。他們的成功之道是「傾聽市場的聲音」，想辦法貼近市場。除了邀請隈研吾、伊東豐雄等大師協助設計眼鏡樣式，針對銷售人員的訓練也相當用心。

在Jins總部，我們發現員工沒有自己的座位，大家都是在沒有梁柱的寬闊辦公空間中隨意找位子，會議室完全採用電子化管理。

值得一提的是，他們還特別設計了號稱「全世界最能專心工作的場所」，名叫「Think Lab」，一進去就因為綠意盎然的空間而嚇了一跳，據說這樣的「綠視率」可以提升集中力。除此之外，這樣的空間還有幾項特色：

一、使用多種精油香氣，工作更容易進入狀況。二、播放森林與河川的高解析音頻，讓人保持清醒。三、搭配人體時鐘，分別於上午、下午、夜晚調整光線、顏色與亮度。四、根據不同的工作模式提供不同的家具。

在寸土寸金的東京都會區，這樣的辦公空間確實有些奢侈，卻能看出經營者照顧員工的眞心。台灣企業若能比照辦理，肯定會牢牢抓住員工的心，大幅提升工作效率。

關東地方

日本長壽企業的奧祕

在這趟參訪行程的某個下午，好友鐘建萬告訴我，專門研究長壽企業的「百年經營研究機構」理事長後藤俊夫想找我談談，於是我們約在赤坂洲際酒店來一場午後對談。

碰面當時，後藤俊夫已七十七歲。他畢業於東京大學經濟系，再到哈佛大學攻讀企業管理碩士，目前是日本經濟大學特聘教授兼家族企業研究所所長。他在七十歲開始學中文，能用簡單中文溝通。

後藤俊夫著作等身，主要著述包括《日本家族企業白皮書》（ファミリービジネス白書）、《長壽企業的風險管理》（長寿企業のリスクマネジメント）等。他是研究長壽企業的大師，最感興趣的題目就是「企業如何富過三代」。

他告訴我，日本超過千年的企業有二十一家，歷史最悠久的就是從事寺廟建築的金剛組，創立於西元五七八年。超過五百年的企業有一百四十七家、超過三百年有一千九百三十八家、超過兩百年有三千九百三十九家、百年以上的則有兩萬五千三百二十一家。除了日本，擁有最多百年企業的是美國，高達一萬一千七百三十三家，接下來依序是德國、英國、瑞士、義大利、法國、奧地利、荷蘭、加拿大。

對我而言，聽到這些數字簡直如獲至寶。光是這趟日本企業考察，我們就走訪了好幾家百年企業。像是龜甲萬、日本電氣、花王都是超過百年的企業，豐田汽車經營也將近百年。不過，日本長壽企業都是家族企業，家族繼承、產品競爭和景氣波動等問題，都會大大衝擊長壽企業的生存。

後藤俊夫還告訴我，其實台灣也有五百多家百年企業，這個數字讓我大吃一驚。後來我才想到，許多台灣老牌企業沒有上市，知名度較低，例如西螺老家的陳源和醬油和丸莊醬油，就都是百年企業！

相較於日本，中國的百年企業相對有限，尤其這些年很多企業暴起，又有很多企業殞落。最令人玩味的，就是中國富豪排行榜每年都會變化，值得好好研究一番。

■百年不敗的精髓

提到百年企業，就會想到台灣民眾相當熟悉、專門生產家庭日用品的花王株式會社（Kao Corporation）。抵達位於東京都中央區的總部大樓，就被牆上一幅字畫吸引，題字者正是一八八七年創立花王（當時稱爲「長瀨商店」）的長瀨富郎。這句話翻譯成中文是：「好運只會眷顧工作勤勉且行爲正直的人！」這就是花王百年不敗的精髓。

長瀨富郎從雜貨店起家，一開始主要進口婦女日用品。一八九〇年推出洗臉專用的高級香皂，取名爲花王石鹼，後來逐漸從清潔用品發展到化妝品。旗下有幾種全球銷售高達一千億日圓的產品，例如眾人熟悉的一匙靈、妙而舒。

全球日用品快銷市場競爭非常激烈，花王每年投入重金在基礎研發上。二〇一八年的研發支出就高達五百七十七億日圓，占營收的三．八％，遠遠超過資生堂（Shiseido）和寶僑（Procter & Gamble）。

值得一提的是，花王已創下連續二十九年配發股息年年增加的紀錄。一九八九年日經指數漲到三萬八千九百五十七點，花王配息七．一日圓；二〇〇〇年配息二十日圓，二〇〇八年配息五十四日圓，二〇一七至二〇一九年分別是一百一十、一百二十和一百三十日圓。這符合我常說的優質企業，配息只會前進不會後退，在台灣還找不到這種企業。

在競爭激烈的市場中，花王屢創佳績。參訪當時的股價是八千五百二十四日圓，市值超過四兆日圓，殖利率維持在一．五％以上，這樣的百年企業著實令人尊敬。

我想，掛在牆上的創辦人親筆字畫，應該是推動花王持續提升的最大動力吧！

百年企業尋找全新定位

參訪當時，二〇二〇年東京奧運即將來臨，這是日本結束不成失落三十年、轉換手氣的重要轉捩點。就像一九六四年東京奧運帶給日本驚天成長二十年，日本人充滿期待，日本企業也都卯足全力緊抓商機。

我們走訪的日本電氣和SECOM（西科姆株式會社），當時都在努力爲奧運練兵。SECOM是台灣中興保全的母公司，爲了確保選手和工作人員的安全，SECOM運用了人工智慧新技術。至於一八九九年創立的日本電氣，也在全力發展人工智慧新領域。

日本電氣的英文全名是 Nippon Electric Company，就是大家熟悉的NEC。他們在展廳中擺出一部老舊個人電腦，原來這家公司在一九五九年就率先推出日本首部電晶體個人電腦，然後逐漸走向光纖、海底電纜等通訊領域，現在則專注在資訊科技解決方案。

面對即將到來的東京奧運，日本電氣著力很深，他們將包含人臉、虹膜、指紋、掌紋、指靜脈、聲紋、耳道音響認證等生物辨識技術，應用在多種通關場合。我也嘗試在展廳操作汽車安全駕駛，只要閉一下眼睛，就會立即發出警報聲。

這次來到日本，充分感受到日本企業發展人工智慧新科技的急迫性。中國在這個領域起跑得很早，日本電氣感受到巨大壓力，已將生物認證與人工智慧定位爲企業成長的核心事業，希望在二〇二〇年達到營業額三兆日圓、營業利益一千五百億日圓的目標。

當時，日本全國都期待東京奧運帶來的全新練兵機會，因爲這很可能是老店再生的重要時刻……

■人類史上最古老的家族企業

與後藤俊夫對談後，我對百年企業產生相當濃厚的興趣，尤其是創立於西元五七八年的金剛組。它是世上最古老的家族企業，一九五五年改以有限公司的方式經營，至今將近一千五百年，已傳承四十代。如此古老的企業依然存活在科技迅速發展的時代，相當值得探索。

我發現，日本長壽企業的生存之道，第一守則是誠與信，第二守則是不上市，更重要是規模不能太大！

金剛組的創始人是金剛重光，這家千年企業建造了奈良法隆寺和四天王寺，是日本建築的兩大歷史遺產。其他像是豐臣秀吉的大阪城，德川幕府的偕樂園等，都是金剛組的代表作。

報導指出，在金剛組的一個木桶箱子裡，保留了一份珍貴手稿。這是一八〇一年第三十二代首領金剛喜定留下的祖訓，其中有四個重點：一是敬神佛祖先；二是節制擴張、專注本業；三是待人坦誠謙和；四是表裡如一。

金剛組秉持工匠精神建造寺廟，傳承了千年核心價值。然而，他們在一九五五年跨出寺廟建築，開始發展房地產業務，逐漸累積了龐大債務。一九八九年，日本泡沫經濟破滅，金剛組面臨嚴重財務危機，搖搖欲墜。到了二〇〇六年，大阪的高松建設集團不忍這家千年企業消失，出手接管，成了金剛組的母公司。

重生後的金剛組回到修建寺廟本業，穩步向前，讓這個千年神話得以繼續述說自己的故事。他們曾經跨出寺廟建築，改蓋住宅大樓，卻差點在泡沫經濟中滅頂。這在在印證組訓中「節制擴張、專注本業」的先見之明，經營企業真的不可不慎啊！

關東地方

回味無窮的豐盛旅程

走訪過東京都的企業後，我們來到此趟參訪的最後一站：位於千葉縣野田市的龜甲萬株式會社（Kikkoman Corporation）。對我而言，這是別具特殊情感的一站，因爲我來自台灣醬油的故鄉西螺。

接待我們的是取締役常務執行役員茂木修，他也是國際事務本部長，更是龜甲萬未來的社長。他親自爲我們進行簡報，解說公司發展與全球發展策略，提高我們對醬油產業的視野。

在全球醬油產業中，已資本化的代表性企業有兩家。一家是中國的海天味業，參訪當時的市值高達三千億人民幣，本益比六十倍。另一家就是龜甲萬，一九四九年上市，算是最老牌的醬油上市公司，在日本股市的代號二八

○一，恰好跟台灣最老牌上市公司彰化銀行一樣，算是有趣的巧合。

參訪當時龜甲萬市值約一兆日圓，年營收四千五百三十五億日圓，淨利約兩百六十億日圓，本益比約三十八倍，可以看出市場給予這家百年老店相當正面的評價。

我們參觀了醬油生產線，乍看之下，有點像台塑六輕的石化管線。龜甲萬在日本國內醬油市場占有率約三成，後來進軍海外，收益比國內還好。

我最感興趣的就是龜甲萬的合併策略。一六六一年，茂木家族創立了醬油工廠，專門供應醬油到江戶地區。到了一九一七年，野田地區的六個茂木家族和高梨家族，以及流山地區的堀切家族，聯合設立了野田醬油株式會社，在龜甲上印著「萬」字，共同走入合併時代。期間經歷幾次公司更名，直到一九八○年才變更為目前的龜甲萬株式會社。

當年參與的八大家族有一條不成文規定：每一家、每個世代只能派一個人進公司。現在社長堀切功章就是出自堀切家，前任社長茂木友三郎正是茂木修的父親。茂木修說自己年紀還小時，父親就告訴他日後要接班，弟弟只能自己創業，現在已經是日本知名的律師。

龜甲萬的八家合併，正是百年企業再造經典的佳作。或許，西螺的丸莊、瑞春、大同等醬油工廠也可以考慮合作之道，試著走出截然不同的道路。

如西螺老家般的小鎮

離開龜甲萬之後，我們沿著日本第二長河流利根川，抵達位於出海口的千葉縣銚子市（銚音同「掉」）。這裡距離東京都不到一百公里，是關東平原的最東邊。

銚子市是個漁港城市，一九七〇年代的居民超過九萬人，現在只剩六萬多人。漁業是當地最重要的產業。此外，水質優良的利根川在此入海，居民廣種蔬菜。這裡醬油工廠林立，成爲另一項重要產業，讓我覺得這座小鎮很像西螺老家，倍感親切。

我們下榻當地著名的太陽之里溫泉會館。這幢會館坐落在海邊，一眼望去就是銚子市最東邊的犬吠埼燈塔。這是關東平原最先看到太陽升起的地方，每年元旦都有大量觀光客蜂擁而至，欣賞新年的第一道曙光。

清晨時分，我向著燈塔跑去，只有零星幾人在等候日出。大約六點十六分，太陽漸漸從海平面升起，這是一生難得見到的景象。看著太陽升起，我突然想到日本人常說的「一期一會」，就像好友一生可能只見一次面的心情。

跑出燈塔後，我沿著海岸線到銚子市區跑一趟。若非參訪龜甲萬，可能一輩子都不會來到這個小鎮，想著想著就覺得十分慶幸。所以，我抱著「一期一會」的心情逛遍市區，特別多看幾眼。至於犬吠埼燈塔的日出，應該會永遠烙印在我腦海中。

目擊日本地方政治

在跑向犬吠埼燈塔的路上，突然看到一面日本共產黨的宣傳看板，我立即停下腳步拍照。看板上的人物正是日本共產黨中央委員會幹部會委員長志位和夫。那幾天，他突然跳出來代表日本共產黨發表聲明，要求中國共產黨立即停止鎮壓香港，這件事成了全球報導焦點。

日本共產黨創立於一九二二年，是全日本最老牌的政黨，在二戰前曾扶持過台灣共產黨。二戰結束後，在德田球一的領導下，日本共產黨氣燄高張，一度想赤化日本，後來被麥克阿瑟（Douglas MacArthur）壓制下來。

參訪當時，日本共產黨在地方選舉大約有一〇%選票，總共在五十一個地方執政，全國有將近三千名地方民意代表。我在銚子市區看到很多候選人看板，有人主張地方創生，有人主張傾聽民意，個個都很接地氣。

值得一提的是，日本的選舉非常安靜。在離開銚子市的路途中，正好看見一名候選人獨自站在路邊，向路過民眾打招呼拜票，完全看不到台灣選舉那種陣仗。或許，選民對政治冷感才是國家經濟進步的象徵？畢竟民眾追求的是更美好的生活，而非政治的激情。

■難得豪邁，盡享黑鮪魚美味

在餐點安排上，這趟日本考察行程可說下足了功夫。從第一晚特地趕到松阪市的和田金享用和牛壽喜燒，再到鳥羽市的海女爐邊燒，最後一晚則是在太陽之里溫泉會館享用豪邁的黑鮪魚大餐，每一餐都令人難忘。

銚子漁港曾是日本漁獲量最大的漁港，由三個批發市場組成。第一批發市場主要是將黑鮪魚卸下漁船，現場還有競價拍賣。第二和第三批發市場則是將秋刀魚、喜知次、青花魚、沙丁魚等魚種卸下漁船。

我們下榻的溫泉旅館有特約合作漁船，當天恰巧捕獲一尾二十公斤黑鮪魚。人生難得一次豪邁，整團約四十人一起享用了這場黑鮪魚盛宴。

兩名主刀廚師先將黑鮪魚去頭去尾，取下最珍貴的魚肚，切出一盤盤生魚片。我在台灣電視節目上看過黑鮪魚拍賣競標，但整尾黑鮪魚全餐還是生平頭一次體驗。

在廚師的巧手下，整尾黑鮪魚都派得上用場：下巴燒烤、眼睛紅燒，還有一部分做成蓋飯……

我這一生吃過很多餐廳，很多都是吃過就忘了，但這次日本行參訪過的百年企業、享用過的美食大餐，再再讓我回味無窮，真是一趟身心靈都豐盛的旅程。

疫情肆虐後的印太鴻鵠再起

日本

疫情後，重回熟悉的日本

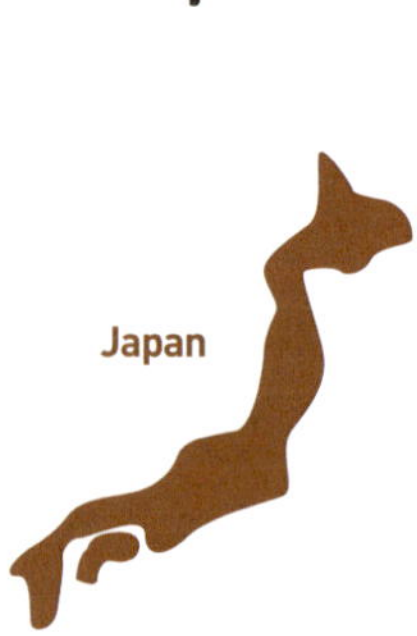

歷經百年大疫肆虐後，規畫已久的日本企業參訪終於在二〇二三年正式成行，距離上次造訪日本整整相隔了四年。這四年間，日本出現了巨大變化，最劇烈就是日圓貶值。

四年前，日圓兌美元在一〇〇上下，二〇二三年約一五〇，貶值了五成。這樣的匯率波動讓日本出現結構性的巨大改變，安倍晉三生前射出的三支箭中，第一支就是日圓貶值，如今終於出現了。

二〇二三年是疫情解封元年，全球觀光客湧向日本，我們一行人分別搭乘間隔一小時的華航和日亞航班機，抵達千葉縣成田機場。從台北出發的班機全滿，成田機場入境大廳排滿了長長人龍。到了東京都淺草，街道上也是人潮洶湧。從觀光角度來看，日本已恢復疫情前的遊客數量。

難得悠閒逛大街，再次觀察時隔四年的日本消費物價，發現不會比台灣高，雞蛋、水果、蔬菜和拉麵都比較便宜，甚至神戶牛的價格也很合理。反而在台灣用餐，很多高檔日式料理都貴得嚇人。

不久前，一位知名企業大老告訴我，他請朋友享用信義區最高檔的足立壽司，每人要價一萬八台幣。看到帳單時，心頭真的跳了一下！當然，這種情形跟日圓貶值有關，台幣相對值錢，所以台灣人都跑去日本玩，來台灣旅遊的日本人反而大幅減少。

這次走訪日本的重點是觀察「日本再起」。我們要參訪號稱日本五大綜合商社之一的丸紅（Marubeni）、前往富士山腳下參觀發那科（FANUC），還要瞭解豐田氫能車和固態電池汽車的可能性。

傍晚時分，前後兩班飛機的團員會合了，大家一起在淺草享用河豚大餐。

■ 最接近天堂的美味

曾有台灣媒體報導，民眾在清境農場小吃攤吃了店家處理的河豚，結果造成一死八傷的慘劇。河豚固然鮮美，卻含有劇毒，須由領有執照的專業人士處理，否則很容易釀成終生遺憾。

我們這次抵達日本後的第一餐，就是在淺草的玄品河豚餐廳用餐。這家餐廳位於淺草入口不遠的轉角處，營運三十多年了，領有處理河豚證照的師傅就超過一百三十位。玄品在日本有很多分店，分布在上野、新宿、新橋、札幌、大阪等地。

直上二樓，整個營業空間被我們一行人擠滿。在台灣吃河豚料理，大概會吃到一小盤河豚刺身、一片炸河豚或河豚皮，然後是涮幾片河豚肉的火鍋。這回在玄品看到的是一大鍋新鮮河豚肉，連河豚生魚片也很大器。最後收尾時，服務人員還爲我們煮一鍋粥。整套餐點味美鮮甜，說它是「最接近天堂的美味」也不爲過。

這套河豚大餐每人要價一萬兩千日圓，換算成台幣約兩千五百元。若是在台灣，應該會落在六千至八千台幣之間。日圓大幅貶值後，台灣人到日本消費變得闊氣很多。

運河之美，令人心曠神怡

當天晚上，我們下榻四年前住過、位於品川區的東京詩穎洲際酒店。時隔多年，價格竟然上漲了五成，可見解封後的觀光人潮造成旅宿供不應求，酒店價格相對硬朗。

時序已近深秋，清晨六時的室外溫度約十度，已有冬天的感覺。天微微亮，日本上班族已在排隊等公車，我則是沿著道路跑向江戶時代就開鑿的高濱運河。

城市若有河流穿過，就會形成都市的律動美。高濱運河穿過現代化的高樓大廈，兩側規畫步道，光是在河岸散步就令人心曠神怡。

高濱運河範圍不大，兩側非常乾淨，步道修整良好，河面上的水鴨和群鳥讓生態更活潑，城市也變得生機蓬勃。台灣每座城市都有河岸，像宜蘭的冬山河、高雄的愛河、雙北的淡水河和基隆河。雖然這些河岸都變得越來越漂亮，卻仍有不足之處。台灣地方首長值得向日本借鏡，讓台灣的都市活起來。

▪富士山腳下的自動化巨人

第三天上午五點半，導遊就喚醒所有人，七點準時出發前往山梨縣忍野村的發那科，車程約有兩個多小時。

發那科是全球最大工業機器人製造商，公司名稱是由「富士自動化數控」（Fuji Automatic NUmerical Control，FANUC）的首字母組成。過去二十年，我們參訪過許多日本企業，叫得出名號的幾乎都走訪過了，只有發那科還沒參觀過。難得這次拿到參訪許可，儘管路途遙遠，大家卻都興奮又期待。

從東京出發，沿途遠眺山色美景。風塵僕僕來到富士山腳下，一大片黃色建築映入眼簾，穿著黃色工作服的主管列隊歡迎我們。包括取締役常務執行流石柳二、工廠自動化副本部長宮嶋英博都親自接待，連台灣發那科董事長也特別趕來。

除了聽取簡報，我們還參觀了三座工廠，一座是工廠自動化設備生產線，一座是伺服馬達驅動裝置生產線，另一座是機器人生產線，這些都是發那科重要核心事業。在生產線上，可以看到機器人正在組裝機器人；在準備出貨的產線上，機器人一字排開非常壯觀。可惜生產線不能拍照，否則光看照片就可以爲之震撼。

發那科的工廠沿著山坡呈「之」字形排列，黃色外觀蜿蜒而上，廠區種滿楓樹。這樣的景緻搭配富士山雪景，畫面眞是美不勝收。

參觀過工廠，再加上座談，結束時已經下午一點，眞是一趟充實的參訪。發那科在硬體製造與軟體開發的實力，當今世界恐無人能及。這一趟光是見證日本製造的細膩，就已值回票價。

▪人間仙境，遺世獨立

結束發那科的參訪後，所有人前往山中湖畔的餐廳吃飯，我早早用餐完就起身沿著湖畔走走。山中湖是富士山腳下的熱門景點，下午兩點多，湖畔的太陽和遠處的富士山相互輝映，可以用各種角度欣賞富士山美景，隨便拍照都很漂亮。

我來過日本很多次，好像還差一趟攀登富士山的行程，日後應該安排一次。走在山中湖畔，蘆葦綻放出的金黃色光芒煞是美麗。遊客雖少，卻多了一份幽靜。

上次前來山中湖是為了拜訪大前研一，他就住在湖畔。這些年，山中湖的人氣稍稍降溫，但湖泊周邊的景點逐漸崛起，例如忍野八海，也是這次造訪的景點。

相較於山中湖的幽靜，忍野八海可說是熱鬧滾滾。這八個湧泉是火山噴發後形成的美麗作品，泉水富含礦物質，乾淨清澈，一九八五年被日本環境省列為全國最優質泉水之一。用「八海」來為八泉命名，別有創意。

整個忍野八海聚落幾乎都是禮品店，販售各樣禮品和點心，禮品上都有富士山圖案。沿著溪邊走走，觀賞傳統小屋，欣賞緩慢轉動的水車，這種小橋流水的細膩美感，堪稱日本獨有。

而且，不論走在哪個角落，只要抬頭看看天空，美麗的富士山皆以不同姿態展現在眼前，簡直是人間仙境！

日本

職人精神的過去與未來

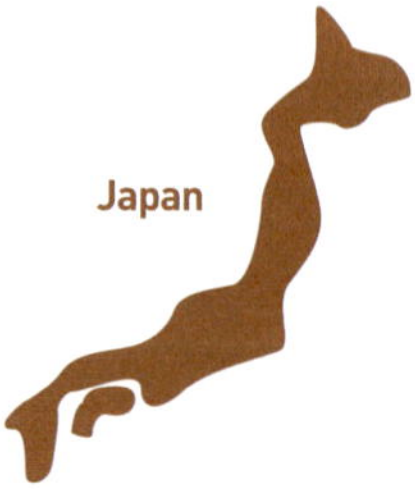

一九八四年我到《財訊》上班，從邱永漢先生口中第一次聽到「丸紅」這個名字。後來研究張榮發的神奇崛起，竟然也跟丸紅有關。這幾年，股神巴菲特買入日本五大綜合商社的股份，丸紅漲幅高居第一，更堅定我造訪丸紅的信念。最後，在中華民國對外貿易發展協會的協助下，我們終於來到東京都千代田區皇居旁的丸紅總部。

迎接我們的是財務部長田島知淨，曾在台灣學習中文。他的簡報從一八五八年僅僅十五歲的伊藤忠兵衛創業開始，到第一任社長市川忍以「正確、創新、和諧」的精神爲丸紅奠下良好基礎，再到食品、肉品、石油、航空、金融等全球化發展，讓人對這家全方位大商社留下深刻印象。

此外，他們在航空業與長榮航空合作很深。二〇二二年，丸紅的台灣子公司營收高達三百三十七億台幣，可見丸紅的龐大威力。

我開門見山地詢問巴菲特如何投資丸紅，有無親自聯繫。田島知淨表示，買入五大商社股份前，巴菲特曾邀五大商社負責人一起吃飯。不過，這只是禮貌性的拜會，巴菲特想觀察五大商社負責人的面相，看看企業負責人是否正派。

田島知淨也特別介紹丸紅的「正確、創新、和諧」企業文化，這讓我想起四年前造訪百年企業花王總部時，在入口處看到創辦人親筆寫下的「好運只會眷顧工作勤勉且行爲正直的人」。兩回參訪日本企業，再次感受到正直的力量。

儘管失落了三十年，很多日本大企業依然穩紮穩打、向前挺進。有趣的是，日本丸紅的業績很像台灣子公司，過去三年在疫情肆虐下，交出最漂亮的成績單，直到二〇二二年第四季業績才回落。

聽了丸紅的簡報，我更確定正直會散發出強大力量。無論個人、企業，乃至國家和領導人，若是缺乏正直的力量，將會置身於海市蜃樓中。

▪豐田汽車未來學

二〇一九年，我們造訪愛知縣豐田市的豐田總部；二〇二三年，我們在東京都參觀豐田的氫能車與加氫站，搭乘氫能巴士上街頭，感受汽車的未來新世界。

參觀氫能車前夕，豐田正好公布第三季度業績：稅後淨利高達一．二八兆日圓，全年營收目標四十五兆，淨利三．九五兆，相較前期大幅增長了五三%，可見豐田仍是全球最會賺錢的汽車公司。

爲了加強大家對豐田的理解，我們特別邀請早稻田大學教授長內厚，預先幫大家上一堂課，解說豐田在氫能和全固態電池的發展，以及汽車產業可能形成的全新競爭態勢。

二〇二三年十一月的東京車展中，比亞迪的王傳福成了焦點。中國電動車已長驅直入攻下歐洲，連傳統汽車大國德國都感受到無比壓力。這次比亞迪殺進日本，也讓豐田現任社長豐田章男的臉色相當難看。

很顯然，中國跳開了內燃機引擎這個弱項，憑藉著量產、組裝和無限降低成本的能力，進逼美國、德國、日本等傳統汽車大國，對將近九十歲的豐田汽車造成空前衝擊。

二〇二三會計年度，豐田預計售出一千一百四十萬輛汽車，仍是全球最大汽車製造商。不過，接下來的戰場才是矚目焦點：到底是電動車襲捲全球，還是豐田在氫能或全固態電池的新燃料電池汽車領域中勝出？

目前在道路上行駛的巴士中，大約每十輛就有一輛是氫能巴士，慢慢朝著普及的方向前進。我們搭乘氫能巴士時，感覺也相當平穩，但是從二〇一四年發表至今已九年，距離全面量化還有一段距離。

■ 工匠技藝，慢工才能出細活

結束東京行程後，大隊人馬往北移動，抵達新潟縣的燕市和三條市。這兩個相鄰的小鎮關係密切，再加上兩地的金屬加工業皆頗負盛名，很多人乾脆將兩市合稱為「燕三條」。

我們參觀了兩家底蘊醇厚的企業，第一家是位於燕市，一八一六年創立的玉川堂。這家企業已傳承七代，歷史超過兩百年。

來到玉川堂，乍看只是一間民宅，走入門內卻別有風景。民宅中有個榻榻米小房間，十幾名工匠正在敲敲打打。現任掌門玉川基行的加拿大籍女婿，拿起一塊銅片告訴大家，他們的水壺就是不斷敲打一塊銅片、平均敲打十萬次、一體成型錘打出來的。這就是最令人肅然起敬的工匠技藝。

上一代掌門玉川宣夫被封為「人間國寶」，親製的作品標價至少三百三十萬日圓。他的名言就是：「鍛打千日，錘打萬日！」我們在榻榻米房間內看到的那群工匠，至少都有十五年資歷。他們盤腿敲打銅片，專注打造作品，正是我最神往的職人精神。

這間老宅保留了傳統的煉銅設備，也有一間收錄各種藏書的圖書館。除了發揚技藝，玉川堂員工還能透過閱讀提升內涵。玉川基行強調，相較於業績，他更在乎品質、更在乎銅器代代傳承。而且，手作讓人覺得更溫暖，跟機器製作的產品截然不同，這將是日本職人精神的未來。

廁所不乾淨，找不到好人才

這次參觀的醇厚底蘊企業中，另一家是坐落三條市的長谷川工作所。這家企業在二〇二四年躋身百年企業，長谷川直哉是第四代接班人。

他們的生產線一塵不染，工廠內的排放水甚至能養魚，可見其嚴謹程度。不過，印象更深刻的是千萬台幣打造的廁所。長谷川直哉說：「在日本，廁所若是不乾淨，絕對找不到好人才！」

這家金屬工具廠原以代工爲主，後來積極轉型，發展自有品牌，包括頗負盛名的馬牌（KEIBA）鉗子和 MARUTO 指甲剪，台灣代理商是李華強、李英豪父子經營的德貿股份有限公司。

在工具設計上，長谷川工作所持續求新求變，主打的核心客群都是專業人士。因此，雖然大多數製程朝著自動化前進，但某些細節仍堅持人工處理。例如，製作剪刀的最後檢查步驟——員工試剪。親自體驗剪下去的感覺、阻力與聲音等等，長谷川直哉認爲這是機器無法分辨的。

二〇二三年，長谷川工作所營收達十四億日圓，其中八成歸自有品牌，只有兩成是爲德國大廠代工。而且，營收中的七成來自外銷，市場遍布三十餘國。對此，長谷川直哉在二〇二四年三月來台北參展、接受《今周刊》記者徐采薇採訪時表示：

「以前一年產四百萬支，現在一百五十萬支。但過去代工沒定價權，會被壓低價格，做越多就越累。現在自己打造品牌，獲利反而更好。」

想要長久經營，就要與時俱進。同一時間來台北參展的玉川基行也在受訪時提到，對他們而言，不變的傳承是技藝，但是在經營理念與銷售方式上，一定要不斷改變。

若非如此，基業將無法長青，更遑論職人精神的代代傳承！

日本

日本再起的關鍵時刻

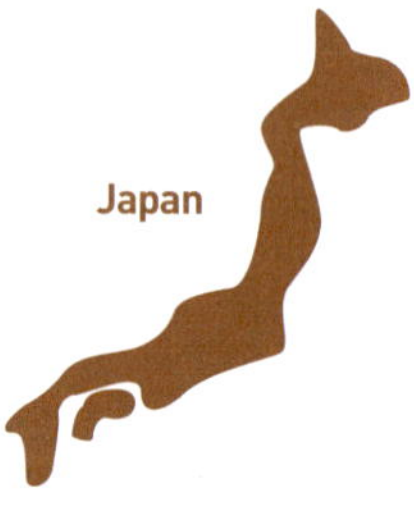

日本失落了三十年這麼長的一段時間，導致我們習慣用既定印象觀察日本，很少研究他們的改變。

在二〇一八年十月初的《今周刊》專欄中，我曾探討日本泡沫經濟的巨大調整，也爲即將再起的日本下了一個標題：日本長夜將盡！

不過，在那個中國風風火火的年代，多數人都不認同我的看法。

當時，京都大學教授本庶佑拿到諾貝爾生理醫學獎，這是日本在二十一世紀的第十八位諾貝爾獎得主，人口比日本多三倍的美國只有二十三位。

同一時間，微信上出現兩篇文章，一篇寫著「我們在忙著炒房，別人在投資未來」，另一篇則說「日本在培養狼娃，我們在培養娘娃」。這是中國人自我反省的文章，前者是指諾貝爾獎，後者是指日本兒童在天寒地凍時打赤膊練體能。

日本人尊重知識，鈔票上沒有天皇，沒有將軍，更不會有政治人物。二〇二四年七月發行新鈔，一萬日圓鈔票上的人物，從啓蒙思想家福澤諭吉，改爲資本主義之父澀澤榮一；五千日圓鈔票上，從文學家樋口一葉，改爲首位留美的女性教育家津田梅子；千日圓鈔票的人物，則是從生物學家野口英世，改爲破傷風疫苗之父北里柴三郎。

無論怎麼改，都是各個知識領域中讓人尊敬的大人物。

自二〇〇一年起，日本就設立了一個目標，要在五十年內出現三十位諾貝爾獎得主，結果短短十八年就已經有十八位了。泡沫經濟把房價打到谷底後，日本人不再炒房，而是將每年研發支出維持在GDP三%以上，專利技術數量高居全球第一。此外，日本的職人工匠精神源遠流長，沒有他們的關鍵零組件，全球科技大廠恐怕寸步難行。

以上種種，都是日本再起的最直接訊號！

三十年風水輪流轉

除了日圓貶值效應，牽動日本再起的最強力量，其實是地緣政治。

二〇二三年五月底，日本媒體報導美國軍艦在三菱重工和川崎重工維修。當時停泊在日本的美國軍艦有二十二艘，軍人約兩萬名，目的是因應台海局勢，一有變數就能及時應對。

安倍晉三生前一再強調「台灣有事，就是日本有事」，背後的深層原因是：兩岸沒有血海深仇，但日本可不一樣。數十年來，中國每晚都在播放抗日電視劇，台灣一旦有事，日本當然跟著有事！

因此，在美中角力越演越烈之際，日本再次成爲美國在亞洲的最佳拍檔。這種情況，跟一九六〇年共產政權幾乎赤化整個亞洲如出一轍。當時美日簽訂安保條約，奠定日本一路奔馳三十年，直到一九九〇年泡沫破滅陷入失落三十年。

奔騰三十年又失落三十年，一甲子就這樣過去了。日本落魄之時，恰是中國奔馳之世。偏偏習近平的中國大夢和戰狼外交，喚醒世人意識到中國挑起戰爭的風險。此時增強抗衡中國的實力，就是日本再次崛起的最佳時機。

日本起，中國落，一種與一九九〇年正好相反的格局誕生了。美國的抗中陣營已組隊完成，原本還在騎牆的南韓與菲律賓全加入美國隊，連太平洋島國都選邊站。接下來要觀察的是，一九九〇年之後發生在日本的經濟調整，會不會出現在中國……

■在灰燼中重建半導體產業

日本當年會從壯盛到失落，除了房地產因素，半導體其實是最敏感的指標。一九八〇年代，日本半導體產業襲捲全球，美國半導體產業被逼到牆角。他們到白宮抗爭，拿起斧頭砸毀日本製電晶體收音機。這種大動作，逼出了一九八六年的《美日半導體協議》。最後，美國對日本出口晶片開徵百分之百關稅，駁回富士通對快捷半導體（Fairchild Semiconductor）的併購交易。不到十年光景，日本半導體產業幾乎毀滅。

二〇二三年五月，七大工業國高峰會正式召開前，日本首相岸田文雄先在東京接見全球半導體企業大老。包含當時的台積電董事長劉德音在內，所有半導體大人物一字排開合影留念，這個畫面跟當年美國人在白宮砸毀日本電晶體收音機一樣重要，都代表著時代的轉折。三十七年前的白宮抗爭，是毀滅日本半導體產業的前兆；三十七年後的東京合影，則是日本重建半導體產業的重要訊號。

接著，就在二〇二三年七月五日，日本股市以六・一七兆美元超越中國股市的六・〇九兆，重新奪回全球第二大資本市場寶座。除了巴菲特投資的五大商社，日本半導體類股的漲幅都相當可觀，這個蟄伏三十多年的產業終於慢慢恢復元氣。

在美國協調下，日本與南韓化解交惡，卻對中國使出最強殺手鐧，禁止出售二十三項重要化學材料與設備給中國。回想二〇一九年，日本只限定光阻劑等三項化學材料，就讓南韓一籌莫展，這次對中國的殺傷力更是大了好幾倍。

值此關鍵時刻，台積電前進熊本縣投資設廠，打通了日本半導體任督二脈。日本半導體產業再起，充分詮釋了地緣政治的微妙精細之處。

悄悄走出新格局

時序進入二〇二四年初，全球股市紛紛出現漲多拉回走勢，日本和中國股市卻出現值得關注的變化。前一年亞洲漲幅最大的日本股市持續創下新高，扶不起的中國深滬港股市卻繼續探底。

日本在年關前後災難頻傳，從七．六級石川縣大地震，到羽田機場兩架飛機對撞，可說是屋漏偏逢連夜雨。在政壇上，安倍派議員在政治獻金回扣事件中醜聞頻傳，岸田文雄的支持度頻頻創下新低，各式紛紛擾擾也是沒完沒了。

不過，雖然遭受這麼多災難衝擊、雖然人口嚴重老化且連續十四年減少、雖然職場上有著論資排輩的僵固文化……都是限制日本發展的不利因素，卻至少有五個嶄新元素正在推著日本向前走：

一、經過三十年努力還債，企業與個人已無債一身輕。上一代陷入負資產困境，新一代已沒有包袱。

二、擺脫通縮，勇敢漲價。過去幾年，全球通膨升溫，日本勞動力嚴重不足，但他們不怕漲價，也順勢擺脫通縮泥沼。

三、長期老化的日本悄悄年輕化了。根據日本券商 Monex 統計，過去十年間，列入日經指數成分股的企業執行長，平均年齡降低了十二歲。這種新陳代謝將是推動日本再起的重要元素。

四、日本逐漸提高投資興趣，尤其是投資新創事業。根據卡內基國際和平基金會（Carnegie Endowment for International Peace）統計，二〇一三年時日本投資新創事業僅僅八百八十億日圓，二〇二二年卻已上升至八千七百七十億日圓。日本新創生態向來不強，如今終於展現生機。

五、日本職人精神獲得全球肯定。在這次羽田機場對撞事件中，日航機組人員臨危不亂，發揮極高專業素養，帶領全機近四百名乘客逃離劫難，就是平時落實逃生訓練的成果。另一方面，職棒明星大谷翔平頻頻在美國大聯盟寫下各種不可思議的紀錄，全世界都看到日本職人精神登峰造極的極致表現。

二〇二四年，這五大元素將是日本破繭而出的重要關鍵。回首疫情前後的兩次日本考察，大到跨國企業，小到在地店家，日本人民那種耗盡一生來追求淋漓盡致的工匠精神，令人印象深刻又感動萬分。

我想，這個國家能夠從一次又一次的慘烈失敗中脫困而出、展翅高飛，絕對不是幸運的偶然，而是蘊含在民族性中的必然！

印度

蛻變中的古老南亞大地

二〇二四年三月三日，財金文化金融家考察團首次進入印度，展開爲期十天的考察行程。我曾在印度的機場過境，卻從未進入這個國家，這是我第一次踏上古老的南亞大地，深入觀察印度的蛻變。

還未出發前，印度台北協會會長葉達夫（Manharsinh Laxmanbhai Yadav）專程到辦公室拜訪我，瞭解我們安排的行程。他建議我們多看看印度進步之處，尤其是高科技發展。至於觀光客常去的景點，或是較不進步的地方，就建議我們跳過不去。

葉達夫跟鴻海董事長劉揚偉、東元集團會長黃茂雄、力積電董事長黃崇仁、南六董事長黃清山都是好朋友。他來找我時，恰好力積電宣布要協助塔塔集團（TATA Sons）興建十二吋晶圓廠。這些年，印度已是友岸外包與供應鏈移動的重要據點，也是全球外資的投資重地。

二〇二三年，外資買超印度股市兩百一十四億美元，遠遠超過中國股市的六十一億，印度股市也走了二十年大牛市。如今，印度的國內生產毛額總量逾四兆美元，股市市值也超過香港，這個國家正逐步建立各項重要里程碑。

從葉達夫的積極態度，就能看出台印雙邊發展日趨緊密的關係。這趟長達十天的印度參訪行程，著實令人期待。

國家競爭力，從機場開始

我們選擇搭乘泰航到曼谷轉機，再飛抵班加羅爾（Bengaluru）入境印度。在桃園機場登機時，已經比預定時間晚了將近一小時。進入機艙後，我趁機睡個午覺，醒來時以爲抵達曼谷了，沒想到還在原地。原來桃園機場正在維修跑道，只剩一個跑道可起降，一堆航班打結，嚴重塞機。

曼谷的蘇凡納布國際機場（Suvarnabhumi Airport）是國際航線的重要轉運中心，占地廣闊，光在入境大廳單程走一段就超過 公里。爲了吸引觀光客，泰國政府非常用心經營機場，反觀台灣的桃園機場實在落後一大截。

抵達班加羅爾的坎皮高達國際機場（Kempegowda International Airport）雖已夜深，燈火卻依然通明。走出通關出境大廳，彷彿置身大型現代化賣場。地勤服務效率超高，所有團員很快就領到行李。走出機場後，回頭看看這座美輪美奐的印度第四大機場，令人印象深刻，也讓人不勝唏噓。

桃園國際機場是蔣經國推出十大建設時的產物，一九七九年二月底啓用，已四十五歲了。

這些年，台灣一直想要成爲亞太營運中心，但機場建設相對落後，連泰國和印度都能打造出充滿設計感的現代化國際機場，我們卻原地踏步數十年。全台灣最大的機場如此老舊「樸素」，還奢談什麼國家競爭力呢？

■台灣企業，在地深耕

抵達班加羅爾後，首日行程是參訪兩家績優工業電腦大廠：上午是振樺電子，下午是研華科技。

透過參訪，這兩家企業帶給我的最深刻印象，就是徹底「在地化」。回顧這些年的海外考察，無論哪個地方的台資企業，主持簡報的通常是台灣大老闆。然而，這次參訪的兩家工業電腦廠商，台灣經營者都退到後面，交由印度籍主管出來擔綱。

振樺電子營運長林宗德簡短致詞後，就由印度籍營運副總裁率領三名主管進行簡報。振樺電子在印度以市場銷售爲主，銷售時點情報管理系統（point of sale，POS）的市占率很高，互動式資訊服務機（Kiosk）也越來越有競爭力。他們的辦公室坐滿印度籍員工，牆上張貼不少激勵員工士氣的圖片，許多重要任務也交給印度籍士管負責。

在劉克振董事長領軍下，研華已是全球最大工業電腦廠商，市值逾二千億台幣。研華科技也相當在地化，台灣主管透過視訊致詞後，就由印度公司總經理帶領四名主管進行簡報。研華持續擴充印度營運版圖，加碼營運及服務中心，深耕印度超過二十年，最近三年的複合成長率都超過三成。

他們深耕印度，善用當地人才。相較於過往的台商生產代工機制，這兩家企業展現與眾不同的經營風格，這是台資企業邁向國際化的重要一大步。

馬不停蹄、披星戴月的超級團員

這趟考察有一位隨行貴賓，就是日理萬機的東元集團會長黃茂雄。他特別撥出寶貴時間，跟我們搭同一班機抵達印度，還邀請東安資產開發副董事長連昭志、世正開發總經理游文杰同行。

就在距離班加羅爾機場不到兩公里處，世正開發規畫了一座高科技產業園區，一期工程約二十八公頃。這是世正繼菲律賓蘇比克灣（Subic Bay）工業區的另一項大型開發案，黃會長寄予厚望。

從台北出發那一刻起，黃會長就跟團員打成一片。在曼谷機場候機時，他也親切地跟團員聊天，提醒大家在印度的生活須知與注意事項，因爲他造訪印度超過二十趟，最早的一次是在三十五年前，陪同辜振甫先生前往。

首日參訪行程中，黃會長跟著所有人一起參觀工廠、聽取簡報，更不時提問，認眞程度讓所有團員深感敬佩。振樺電子的林宗德營運長待過東元，見到老長官親自駕臨，十分訝異，卻也萬分開心。這是老一輩企業家的風範，活到老學到老，凡事認眞，平易近人。

黃會長高齡八十五，意志力卻比年輕人還高昂，陪著我們走完班加羅爾參訪行程後，還要連夜搭機飛往日本洽談生意。他告訴我，下回我們造訪態本時，要幫我們安排行程，而且跟著大家一起來。

我猜，黃會長應該裝了勁量電池，隨時充飽電量，才能如此活力滿滿、熱情洋溢！

班加羅爾的傳統與現代

此行下榻班加羅爾的四季酒店（Four Seasons），清晨起床後，我想要找個公園綠地跑步，在酒店附近繞了很久仍找不到，只好穿入巷弄走走，看看庶民生活。

一眼望去，人口超過千萬的班加羅爾多是低矮平房，高聳參天的大樓都是剛發展的，傳統與現代的融合還需要一段時間。高檔酒店外頭就是庶民百態，路上喇叭不時響起，小販在路邊努力討生活。

這個階段的班加羅爾，很像一九九〇年代中國崛起初期，走進北京王府井飯店附近的巷弄也能看到傳統生活。唯有經濟發達了，居民生活跟著改善，公共建設才會加快腳步。

隔天上午，我們出發前往聯發科，車程約二十公里。萬萬沒想到，八點半出發，抵達聯發科已十一點半，區區二十公里花了整整三小時。很久沒碰到如此嚴重的塞車了，只好在車上舉辦論壇，讓團員發表投資心得。

到了聯發科，同樣由印度籍主管爲我們簡報。聯發科在班加羅爾投資兩億美元，設立研發中心，預計聘用一千五百名印度人才。塞車壓縮了參訪時間，幸好大家都已經很熟悉聯發科。二〇二四年是聯發科當令的一年，也是台積電之外最重要的台灣企業，股價早已表態急行。

結束這裡的行程後，我們接著準備搭機前往孟買（Mumbai），要離開位於印度南方德干高原（Deccan Plateau）、海拔約一千公尺的班加羅爾。

近十年來，這裡成爲高科技產業的重要據點，發展速度飛快，因此也被稱為「印度矽谷」。看著設計感十足的國際機場，心中隱約覺得這座充滿現代感的建築正在宣告班加維爾的美好未來……

印度

貧富懸殊，衛生堪慮

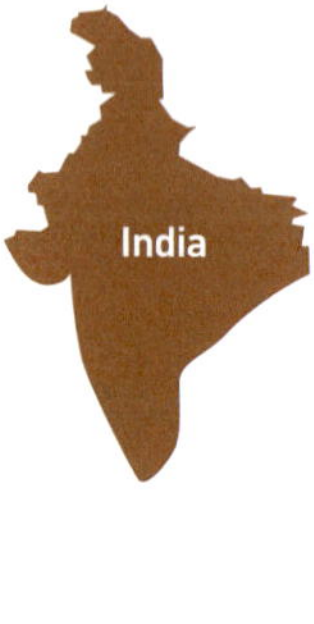

離開班加羅爾後，我們來到印度第一大城孟買，先用一整天的時間走訪重要景點。儘管葉達夫希望我們少看傳統落後的地方，但我覺得，認識城市一定要從底層看起，才能感受社會的真實脈動。

第一站是千人洗衣場（Dhobi Ghat）。從馬路上望去，這座千人洗衣場非常壯觀，特別是洗衣場後方林立的高聳大樓，恰巧形成傳統與現代的強烈對比，這正是印度未來翻天變化的起點。

台灣民眾對千人洗衣場的印象，大多來自《貧民百萬富翁》（*Slumdog Millionaire*）這部電影，我也因此開始追逐男主角帕托（Dev Patel）主演的其他電影作品，像《漫漫回家路》（*Lion*）和《天才無限家》（*The Man Who Knew*

Infinity）。迄今，這座千人洗衣場仍是孟買最大的衣物洗滌處。不過，隨著印度經濟崛起，洗衣機日漸普及，這樣的城市奇觀將會逐漸縮小規模，最後可能只留下遺址。

富豪雲集，奢華率性

接下來，我們參觀印度聖雄甘地（Mohandas Gandhi）的故居，甘地的不合作運動催生印度在一九四七年獨立建國。我對日本在二戰期間占領印度、到日本戰敗印度獨立這段歷史很感興趣，有空要找些書籍好好研究。

吃午餐前，我們抵達泰姬馬哈酒店（Taj Mahal Palace and Tower）。這間酒店曾在二〇〇八年遭到恐怖攻擊，當時酒店內有四百五十名人質，其中一百七十二人在恐攻事件中喪生。

一眼望去，有一條長達三公里的海濱大道（Marine Drive），寶萊塢藝人和印度富豪大多住在這個區域，我們還親眼目擊富豪的私人直升機降落。途經一幢二十七層大樓，這是印度首富安巴尼（Mukesh Ambani）的豪宅，一至六樓是停車場，七樓是汽車維修廠。除了首富一家人，大樓內還有六百名管理人員，充分展現印度富豪的奢華。

回到四季酒店吃午餐，發現有許多轉播車聚集在酒店外。原來，今天有三個政黨領導人在此談判。同一時間也有富商在此舉行婚禮，包下一百個酒店房間，準備狂歡一整個禮拜。他們載歌載舞，甚至邀請我一起跳舞，完全流露印度富豪的率性。

吃完中飯，眾人出發前往二〇〇四年被列入世界文化遺產的維多利亞火車站。這座大型哥德式建築呈現出英國統治印度時期的文化風貌，是印度最繁忙的火車站之一。車站旁有一座很像教堂的建築物，原來是孟買的市政大樓，大樓外還豎立著印度總理莫迪（Narendra Modi）的人形立牌，我也不免俗地跟莫迪立牌來張合照。

莫迪從二〇一四年五月二十六日開始擔任印度總理，現今已進入第三個任期。印度實施內閣制，總統是虛位元首，總理才是實際掌權者，任期五年，無連任限制。我們的導遊是莫迪粉絲，他說莫迪政府擁有高支持度，因爲莫迪讓印度經濟起飛，對中國的態度也十分強硬。

到目前爲止，印度政府仍不發簽證給中國遊客，也不准中國電動車大廠比亞迪到印度設廠。在中印角力下，台資企業充滿了無限機會。

街道市場，五味雜陳

每到一座城市，我都會在清晨外出跑步，這是多年來養成的習慣。不過，從班加羅爾到孟買，我很努力地在飯店周圍兩公里內尋找適合跑步的綠地，卻很難找到。

沒辦法跑步，只好走進市場。一九九〇年代去上海和北京時，最喜歡逛市場，印象較深刻的是上海八佰伴百貨周邊的市場、北京王府井大街的胡同。觀察店家販售的商品、瞭解民生必需品的價格，可以看到實際的生活百態，這才是市民經濟的常態。

我們下榻孟買的四季酒店，對面不遠處有條街道市場。許多團員好奇地走進去，卻都很快就折返。原來是因爲市場內沒有外來客，所有人都用異樣眼光看著他們，大家被看到受不了只好趕緊離開。

我倒是勇氣十足地逛完整個市場。商品琳瑯滿目，包括各種水果和印度烤餅，也有直接在路邊現宰現賣的小販，空氣中充滿各種刺鼻味道。孟買雖有不少富可敵國的富豪，生活在社會底層的廣大民眾卻很辛苦，從攤位上的商品就能略知一二。

這條街道市場的樣貌，大致接近一九九〇年代的中國，或是二〇〇〇年的胡志明市，可見印度的基期還很低，上漲機會相當大。

■食在印度，提心吊膽

我們這趟行程的女性團員偏少，以往經常夫妻同行的團員，這次只有先生參加，甚至還有太太禁止先生參加，最直接的原因就是令人堪慮的衛生問題。出發前，也有朋友提醒我只能喝瓶裝水，連刷牙漱口也別用自來水。不少團員更備齊腸胃藥，就怕上吐下瀉。

下榻班加羅爾四季酒店的隔天早上，經常往返印度的東元集團連昭志董事長看到我拿了水果，立刻提醒我最好別吃削皮水果，生菜沙拉更不能碰！但水果已經拿了，不吃也不是辦法，於是我要了一瓶礦泉水，多洗幾次再吃。

我喜歡食物的原味，如白斬雞、清蒸或乾煎鮮魚、燙青菜或清炒青菜。但是，在印度吃不到原味，所有食物都被濃濃的佐料掩蓋。曾經我撈了一鍋重口味食物，吃了老半天才知道是茄子。

因此，正當我面對早餐吧那些重口味印度料理而不知所措之際，連董事長主動幫我點了「多薩」（Dosa）。這是一種薄餅，外觀類似可麗餅，是印度南方的傳統美食。它的原料不是麵粉，而是利用白米和小扁豆磨成糊狀煎出來的。

服務生將多薩送上餐桌時，看起來很壯觀。我先撕開一角，看到內餡是黃色咖哩馬鈴薯，然後從薄餅開始吃，越吃越順口，後來乾脆像燒餅油條那樣整個包起來吃。於是，一杯印度拉茶，搭配煎蛋和多薩，加上水果，就成了接下來幾天的早餐標準配備。

不過，對於其他印度料理，我就真的沒轍了。這次考察團大多安排自助餐，我常常拿著餐盤，從第一道看到最後一道，仍找不到中意的食物，只好再走一遍，找些口味較淡的料理將就著吃。後來盡量挑些根莖類食物，像紅蘿蔔、甜菜根，吃了都沒事，就比較沒顧忌地享用。

至於刷牙，其實從第三天起，我就忘了要用瓶裝水。結果，直到行程結束，竟然沒有任何團員拉肚子，看來印度的飲食衛生有了顯著改善。

面對重口味的印度料理，我淺嚐即止。從養生角度來看，印度料理完全達不到標準，喜愛美食的我在將就中熬了十天，也算不容易了……

印度

不可或缺的龐大生力軍

結束孟買行程後，搭車前往機場的途中經過住著百萬居民的著名貧民窟，這是世上最大的貧民窟之一。在印度，貧窮與富裕僅一街之隔，生活卻是天壤之別。

我們搭國內線班機飛往古加拉特邦（Gujarat）的瓦多達拉（Vadodara），坐上接駁遊覽車前往中鋼。這輛遊覽車滿特別的，乍看像是老爺車，乘客車廂與司機座位隔開，中間多了一扇門。原來，古加拉特邦規定遊覽車司機不能吹冷氣。

司機在熱氣奔騰中駕駛，我們都寄予同情。但是，當我們發現這輛遊覽車的冷氣也無法運作時，所有人都大呼受不了。到了中途休息站，司機想盡辦法修護，修了半小時仍然修不好，只能無奈繼續上路。幸好中鋼派出他們的車子前來救援，我們總算搭上有冷氣的遊覽車。上車感受到涼風的那一瞬間，所有團員都拍手叫好！

有人戲稱，人類史上最偉大的發明其實是冷氣，看來是眞的……

從上午八點半離開孟買的飯店，經過這麼一番折騰，抵達中鋼已傍晚六點，眞是漫長的行程。中鋼的翁朝棟董事長知道我們要造訪印度的工廠，特地從越南趕來爲我們進行簡報，陳耀彬總經理也報告他在印度的經營心得。

在中國十億噸產能制約下，中鋼印度廠朝著高質化矽鋼片發展，爲電動車鋼材投產。我們太晚抵達了，工廠已下班，只能聽取簡報。望著燈火通明、幅員遼闊的廠房，我覺得中鋼在印度應該有更好的機會。

印度富豪米塔爾（Lakshmi Nivas Mittal）擁有的「安賽樂米塔爾」（ArcelorMittal）是全球最大鋼鐵生產公司，而印度最大集團塔塔旗下的塔塔鋼鐵也頗具實力，中鋼若要勝出，必須從高質化產品下手。爲了搶攻印度市場，中鋼使用英文名稱「CSCI」打造全新品牌，這是翁董全球布局的其中一塊拼圖。

聽完簡報後，翁董請我們吃晚餐，回到瓦多達拉的凱悅酒店已深夜十二點。這趟路途遙遠的行程相當辛苦，所有團員終生難忘。

■天光就在不遠處

印度人口逾十四億，已超越中國成爲全球人口最多的國家。至於國土面積，印度排名全球第七、亞洲第三，可謂廣土眾民。在如此遼闊的國家進行企業參訪，每一趟移動都是長途跋涉的艱辛旅程。

結束中鋼印度廠的參訪，我們隔天又驅車前往古加拉特邦第一大城亞美達巴德（Ahmedabad），拜訪台資企業南六。

「南六」這個名稱很特別，取自黃清山董事長的出生地台「南」市

「六」甲區。這趟也是長路迢迢，超過三個半小時。我們先在途中找餐廳吃午餐，抵達南六廠區時，董事長特地率領擔任執行長的兒子黃任聰和媳婦，在門口迎接我們。

一走入辦公室大廳，就看到黃董的親筆題字：「願景在意志堅，天光在不遠處！」南六是金百利克拉克和幫寶適兩家大廠的供應商，後來多了一家日本大客戶，但日本客戶要求他們到印度設廠，逼得南六不得不鼓起勇氣遠征南亞。

這兩行字映照了黃董的心境。他告訴我，若非大客戶要求，他應該沒勇氣到印度開疆拓土。

南六在印度設了三座工廠，總共投資十二億台幣，初期投資折舊影響了獲利。但南六相當看好印度市場，不論紙尿布、衛生棉或溼紙巾，隨著印度經濟持續增長，需求上升趨勢一分明朗。

因此，黃董派兒子和媳婦長駐印度，全力經營印度市場。我告訴他，兒子願意承擔大任，後繼有人，就是父親最大的欣慰。願景在意志堅，只要相信自己的競爭力，天光就在不遠處！

過往，台灣的不織布產業集中在中國，這次南六到印度當開路先鋒，將是傳統產業跨出國際化腳步的重要試金石。儘管前景未明，但南六大膽嘗試，印度廠比照台灣廠，採用最現代化的德國生產設備。

參訪結束後，黃董在亞美達巴德最好的餐廳宴請我們，甚至邀請古加拉特邦印度人民黨祕書長帕特（Rajni Patel）前來一同用餐。

帕特是莫迪在這裡擔任邦長時的左右手，在當地頗具影響力。他非常歡迎台商來古加拉特邦投資，保證會排除萬難，協助簡化投資流程。

我們聊得很愉快，帕特想邀請我拜訪現任邦長，可惜隔天一早就要趕搭飛機回國，只能歡迎他們有機會來台灣看看。

現在的印度完全排除中國供應鏈，中國企業、經理人和觀光客都進不了印度。南六享有空前的大好機會。我覺得，黃董已看到不遠處的天光了！

▪台灣品牌攻占印度機場

此趟參訪行程，從桃園機場經曼谷機場抵達班加羅爾，再搭機飛抵孟買，然後飛到瓦多達拉造訪中鋼，再搭車到亞美達巴德參觀南六，最後飛往北方邦的阿格拉（Agra），這一路上總共搭了三趟國內航班。在如此頻繁的飛行中，我累積了一些心得：

首先，印度的公共建設雖然落後，機場卻建設得不錯。尤其是美輪美奐的班加羅爾機場，得到很高的國際評價，其他機場也具備應有的水準。

其次，機場安檢非常嚴格，行李檢查非常仔細，個人安檢也到了滴水不漏的地步，皮包和口袋的東西都要掏出，安全人員幾乎搜遍全身。下榻飯店時，還要再次接受檢查，這可能與泰姬馬哈酒店曾遭恐怖攻擊有關。

第三，由於安檢嚴格，必須提前抵達機場，但我發現印度人還沒養成排隊習慣，經常有人插隊。

在孟買、亞美達巴德和阿格拉的機場走走逛逛時，我發現機場商家的收銀機約有九成是振樺的 Posiflex。參訪首日聽取振樺簡報時，他們透露自家的POS機市占率很高，親眼見證後眞是大感驚豔。

台灣廠商一向以代工爲主，振樺電子以自有品牌攻占印度機場眾多商家，的確不容易，值得大聲喝彩。不過，逛街逛到像我這樣專找POS機的，恐怕也不多了……

滿滿的人口紅利

走在印度街頭，我喜歡觀察路上的孩童們。他們的五官輪廓非常鮮明，看起來都很聰明。然而，印度的種姓制度階級分明，出身的家庭不同，命運就迥然不同。

二〇二三年，印度總人口高達十四．二八億，成爲全球人口最多的國度。更關鍵的是，三十五歲以下的勞動人口比例高達八五％，二十五歲以下人口更有六．一六億人，高居全球首位，這是經濟發展的最佳憑藉。

反觀中國，截至二〇二三年底，年滿六十五歲領取養老金的長者已有二．六九億。中國的一胎化政策導致他們提早結束人口紅利。相反地，印度的人口紅利才正要開始。兩國人口結構的差異，很可能是未來經濟發展的轉捩點之一。

我問導遊，從姓氏來看，微軟執行長納德拉（Satya Nadella）屬於種姓制度中的哪一級？他查詢後告訴我：納德拉屬於最高階層「婆羅門」。有趣的是，印度總理莫迪是販售奶茶出身的，在種姓制度中屬於底層「賤民」，但是他翻轉人生，成為最佳勵志故事。導遊告訴我，隨著印度經濟增長，種姓制度將逐漸淡化。

造訪南六時，執行長黃仟聰特別透露印度人很重視婚禮。如果家族中有人結婚，通常要請假一個禮拜；若是親兄弟姊妹結婚，要請假兩個禮拜；

若是自己結婚，通常要請假一個月。這是企業投資印度必須留意的「潛規則」。

印度人重視婚禮，新生兒如此眾多，必定是日後經濟發展不可或缺的龐大生力軍！

印度

一夫當關，萬夫「莫迪」

行程尾聲，我們前往印度商工部投資單一窗口「投資印度」（Invest India）聽取簡報。接待我們的是資深副總裁莫韓蒂（Sunita Mohanty），她用一連串投影片介紹印度總體經濟與產業發展現況。

簡報進行到一半，商工部次長辛赫（Rajesh Kumar Singh）派車接我去會談，中華民國駐印度代表葛葆萱陪同。為了發展印度的半導體產業，辛赫曾多次訪台，對台灣並不陌生，包括這次力積電技轉塔塔集團的計畫，也是他大力促成的。

辛赫很歡迎台商到印度投資，從鴻海、和碩、聯發科、研華、台達電、振樺電、南六到中鋼，他都很熟悉。我告訴辛赫，從一九九〇年代起，台商幾乎都到中國投資，這也是台商在印度的投資遠遠落後日韓的主因。

不過，風水總會輪流轉，現在印度成爲印太戰略核心，莫迪又阻絕了中國供應鏈。當中國向全球輸出通縮時，印度卻能善用人口紅利優勢，打造全新生產基地。

過去三十年，中國經濟大幅躍升，台商在之中扮演了相當關鍵的角色。其實在一九八五至一九九〇那段時間，中國和印度的經濟規模相差不大。如今中國跑到十七兆美元，印度才四兆，接下來是印度追趕中國的最佳時機。

我當面向辛赫提議，印度應該趕緊利用這個機會，跟台灣簽署自由貿易協定。全世界的新興國家中，只有印度不畏懼中國，一旦解決關稅問題，台商必定快速湧入。當然，印度也要積極招商引資，改善投資環境，更要加強公共建設。

這次到了印度首都新德里（New Delhi），我觀察到很多路口沒有交通號誌，過個馬路眞是驚心動魄。此外，印度也沒有下水道，下場大雨就氾濫成災。我向辛赫強調，在這兩項建設上，台商都能全力協助印度。

最後，我還特別對辛赫說：「莫迪總理很有魄力，封殺抖音和微信這些應用程式，台灣政府還沒有這種魄力呢！」聽到這句話，他對我回以會心一笑……

勇敢對中國說「不」

除了參訪企業，這趟也安排了一些旅遊行程。不論在泰姬馬哈陵（Taj Mahal）、阿格拉紅堡（Agra Fort）、新德里的古達明納塔（Qutb Minar），我認真觀察往來遊客，整整十天都沒遇到中國旅行團，也沒見到來自中國的背包客。偶爾見到東方臉孔，不是日本人就是韓國人，真是不可思議的經驗。

這種情形跟某些國家給予中國人免簽、努力爭取中國觀光客大大不同。我問導遊，印度人會不會抗議，他說不會。畢竟，自二〇二〇年中印邊界爆發衝突後，印度就禁止中國觀光客入境。現在雙方關係更加交惡，印度政府拒發簽證給中國人，中國政府也不發簽證給印度人。

有一次在等候國內航班時，我們坐在星巴克喝咖啡，一名印度人主動問我們是不是中國人。他說自己從事智慧裝置工作，已經兩年拿不到中國簽證了，我建議他來台灣看看，或許會有更好的機會。

印度一直是不結盟國家。俄羅斯入侵烏克蘭後，印度的態度相當模糊，倒是大量購買歐美國家抵制的俄羅斯石油。然而，中印邊界爆發衝突後，莫迪對中國的戰略卻越來越清晰，對中國的態度也越來越強硬。不僅中國電商被勒令下架，更全面禁止抖音與微信。而且，中國企業管理人員無法入境印度，很多工廠被迫求售。

反觀台灣，交通部宣布旅遊業團進中國，業者就要抗爭，也沒有任何官員有勇氣表達自己對抖音的看法，這與莫迪的強硬態度形成強烈對比。在印度，莫迪的民調很高，許多知名景點都有他的人形立牌，供遊客合影留念。

印度曾經遭受恐怖攻擊，我們投宿了五家飯店，每一家都進行嚴格安檢。除了大小行李都要通過X光檢查，個人也要嚴格搜身；汽車進入飯店時，必須打開後車箱和引擎蓋徹底檢查。而且，安檢人員非常認眞，絕對不會虛應故事、打馬虎眼。

截至目前爲止，有勇氣站在中國對立面、勇敢向中國說「不」的國家，放眼全球就屬印度旗幟最鮮明。眞的不得不說，這種情勢確實是一夫當關，萬夫「莫迪」！

■勝選背後的警訊

二〇二四年四月三日，台灣發生芮氏規模七·二強震，堪稱一九九九年九二一大震以來最強烈的地震。雖然整體經濟衝擊程度比九二一小了很多，台灣仍獲得眾多國際友人關注。最難得的是，印度總理莫迪第一時間也在社群平台X上表達慰問之意。或許，這會是台印雙邊關係的一大步。

兩個月後，六月九日，莫迪宣誓就任印度總理。這是他的第三個任期，印度進入另一個莫迪新時代。

從二〇一四年迄今，莫迪爲印度帶來前所未有的經濟紅利。國內生產毛額逾四兆美元，已超越英、法，更正在追趕德、日；股市市值來到四．六三兆美元，已超越香港，二〇二五年有機會超過日本。在莫迪領軍下，印度在地緣政治中成爲不可或缺的角色，美中角力更凸顯這個角色的重要性。印度搖身一變，成爲印太戰略的關鍵成員。

不過，對莫迪領導的印度人民黨（Bharatiya Janata Party，BJP）而言，這次大選可說是「開高走低」。選前各方民調都認爲人民黨將席捲多數選票，因爲在上次大選中，人民黨囊括了三百零三席，在總席次五百四十三席中單獨過半，主要對手印度國民大會黨（Indian National Congress，INC）只拿到五十二席，算是壓倒性勝利。

因此，人民黨原本預估這次大選上看四百席，各方都預測人民黨可望大勝。結果卻大大出乎眾人所料，不但沒拿到四百席，最後確定只有兩百四十席；相較於二〇一九年，大減了六十三席。即使是結合友黨的全國民主聯盟（National Democratic Alliance，NDA），加起來也只有兩百九十三席，比上一屆少了六十席，只能勉強過半。

相反地，國大黨大有斬獲，席次增加四十七席，來到九十九席。包含國大黨在內的印度國家發展包容性聯盟（Indian National Developmental Inclusive Alliance）共有兩百三十四席，實力已逐漸逼近國家民主聯盟，這種態勢將爲印度政壇帶來全新的變化與衝擊。

二〇二四年六月四日大選結果揭曉當天，印度 SENSEX 指數（BSE30）大跌五．七四％。這是印度股市長達二十年牛市中，極爲罕見的巨大跌勢。雖然股市迅速反彈，三天後立即創下歷史新高，卻顯示出市場對未來政局的憂心。

就算無礙於莫迪未來五年的施政，這樣的選舉結果確實也是一種警訊。

▪台商投資印度的最佳時機

莫迪連任後，賴清德總統發出賀電，也得到莫迪的回應，代表台印雙邊會有更好的發展格局。儘管中國提出嚴厲抗議，但中印關係已經回不去了。

這些年，印度渴望發展半導體產業，這一點恰好是台灣的強項。再加上印度完全排除中國供應鏈，也爲台商帶來空前的機遇。因此，假如印度政府懂得善用台商，改善台印雙邊貿易壁壘，經濟將會出現跳躍式成長。

過去三十年，台商西進爲中國帶來巨大發展，如今印度正在快速奔馳的道路上，台灣有機會成爲重要的經貿新夥伴。

過去幾年，台灣出口到印度的金額持續攀高：二〇二〇年是二十五．九五億美元，二〇二一年是四十五．二億，二〇二二年是五十三．一九億，二〇二三年是六一·一億。二〇二四年光是五個月，就已高達三十二·三億，成長十分迅速。

不過，莫迪政府的巨大挑戰，就是貧富差距過於懸殊。

我們在孟買目睹印度富豪婚禮，也經過印度首富安巴尼的二十七層豪宅，再對照最底層的千人洗衣場和百萬居民貧民窟，富豪與貧民的生活簡直有著天堂與地獄的差別。

這應該是人民黨在大選中驚險獲勝的警訊，也是莫迪政府必須面對的功課。對「萬夫莫迪」的莫迪而言，唯一的敵人，或許就是始終難解的貧富懸殊難題。

尾聲・半生的堅持，一生的寄託

搭上計程車，車上傳來葉蒨文的〈瀟灑走一回〉：「我拿青春賭明天，你用真情換此生。歲月不知人間，多少的憂傷，何不瀟灑走一回！」伴隨著悅耳歌聲，不禁陷入時光隧道中。

一九八四年七月一日，我正式到《財訊》報到，從第三十期開始參與。當時的發行人是邱永漢，社長是孫文雄，總編輯是林健煉，我的職稱是採訪主任。葉蒨文是「拿青春賭明天」，沒想到我是拿青春賭《財訊》，一賭就是四十年。

人生的選擇很難以價值來判斷，但我這一生就是秉持一個原則：選擇自己喜歡的事情！

一九七七年，我在師大附中以全班第一名的成績畢業。當時每班第一名可優先保送師大，但我第一時間就放棄了，因爲我知道畢業後一定要當老師。接著，我又以高分考上中央警官學校，報到前在廣州街校園逗留許久，自忖性格不適合擔任警官，於是收起報到通知單，踏著堅定的腳步離開，當時爸爸對我極度失望。

後來，人生又出現另一次抉擇。

大學畢業前夕，我通過關務特考，分發到高雄前鎮海關，爸爸說這個出路很好，一定要去報到。但我在西子灣徘徊，想到未來的人生，就把報到通知單扔進海裡了。

面對人生的抉擇，我選擇辦雜誌。那時台灣流行一句話：「要害一個人，就叫那個人辦雜誌！」當時爸爸聽到我決定辦雜誌，氣得不跟我說話。

▪ 堅持成為社會放大鏡，揭露政商層層內幕

進入《財訊》後，健煉兄像師父般帶著我。他非常講究文字精準，對人物描述要求甚高，我的稿子總是被他一改再改。十信風暴後，他寫了一本《國泰紅樓夢》，完整描述蔡萬春家族風雲，成爲那個時代的暢銷書。

不過，健煉兄在幾個月後就離職了，另創「二十一世紀出版社」，我留下來跟著孫社長一起打拚。社內人手不足，我就廣邀當時各大報好手爲《財訊》寫稿。畢竟在戒嚴時期，許多挖掘內幕或強力批判的文章都不能見報。我邀集了主跑央行、財政部、經濟部和各大企業的記者，月初聚在漢口街一家咖啡館擬定主題，月中再請大家喝咖啡交稿。

後來，這些文章成了《財訊》最叫座的內容，挖掘出不少第一手內幕，很多官員和民代的座車內都放著這本二十五開《財訊》。

一九八五年，台灣爆發強烈衝擊社會的十信擠兌風暴，這起事件也是

從《財訊》開始的，因爲二月號的《財訊》刊出〈蔡辰洲何去何從？國塑的過去、現在與未來〉。當時我們察覺蔡辰洲在外面借四分利，明明國泰有龐大的金融事業體，蔡辰洲卻高舉高利貸，於是從國泰塑膠切入，意外發現許多問題。出刊後，十信就發生擠兌事件，整個國泰蔡家幾乎土崩瓦解。《財訊》大幅報導十信，也揭開了蔡辰洲十三兄弟會的內幕，這一期暢銷到缺貨，不斷地再刷。

同一年，我們刊出〈新玻何去何從〉，一個月內新玻董事長任和鈞就捲款潛逃出境。隔年又有一篇〈中纖何去何從〉，出刊不久中纖董事長王朝慶就被收押了。後來很多企業界人士碰到我，千拜託萬拜託不要在報導他們公司的文章加上「何去何從」四個字。

《財訊》的報導總能洞燭機先，這是創刊五十年最扎實的基本功。

■ 堅持滿載對土地的感情，深耕熱愛台灣

經歷了半世紀，許多報業集團都退出市場，《財訊》的報導和風格仍然挺得住時代的變遷。長期以來，我們堅持「看得懂、吃得飽」的經濟學原理，透過一般人也能理解的文字，報導前瞻趨勢與投資方向。

我常常告誡記者，他們的筆鋒必須剛正不阿，絕不能與市場有不當利益往來。如果想賺錢，到南門市場擺攤或許更快！同樣地，面對股市訊息，我也告誡同仁，要用自己的雙腳和雙眼分析判斷，讓投資人得知第一手資訊，絕對不能騙人。文人筆耕不會帶來巨富，卻能帶著尊嚴過一生。這是我對自己的要求，也是《財訊》創立半世紀以來的自我期許。

二〇二四年六月二十一日，《財訊》創刊五十周年。這些年來，台灣民眾喜歡分顏色，我們對政黨的感情不深，對台灣這塊土地卻情深意重。生於斯，長於斯，我們都熱愛這塊安身立命的土地。台灣好，子子孫孫都會

好；台灣不好，子子孫孫就遭殃。

《財訊》喜迎創刊半世紀，我在《財訊》工作也滿四十年。深耕並熱愛台灣，是我撰寫文章、批評時事的依據，也是超越半生的堅持！

■爸爸的寄託，打造今日成就

如今能有小小成就，就是因爲爸爸給我無限寬廣的空間，從不干預我的選擇。

師大附中畢業時，我沒有如他的願保送師大當老師；也放棄進中央警官學校當警官，讓爸爸很是失望，難過了好幾天；更沒有符合爸爸要我到海關上班的期待，把報到通知書扔進大海。

我這一生的許多抉擇，都讓爸爸大失所望，但他尊重我的選擇，沒有苛責過我。他對我的寬容，成就了今日的我。

爸爸十九歲就結婚，直到我出生後才入伍。服役那三年他都在外島，退役時我已三歲多。這段期間很少見到他，也不會叫爸爸，他退役回家後，倔強的我打死都不叫爸爸。後來為了領壓歲錢，勉強在除夕夜叫聲爸爸。直到上大學，我每年都只叫一聲爸爸。

對我而言，叫聲「爸爸」是相當沉重的事情。我一直覺得爸爸是有威嚴的巨人，平時能閃就閃。但是爸爸其實年紀輕輕，就肩負著整個家庭的重擔。

我上小學前，阿公外出找朋友喝酒，回家時卻帶著醉意騎著腳踏車墜入溝渠，一命嗚呼。因此，在我眼中是高大巨人的爸爸，終其一生都在艱苦中掙扎。二十五歲就成為一家之主的他，上有高堂下有妻小，還有一個姊姊、三個妹妹。全家仰賴他買賣牛隻和耕作田地，就像一棵大樹撐起整個家業。

爸爸常告訴我，他的一生錯失很多機會。二十幾歲時，在南港中研院附近養牛，當時一坪土地五十元，別人大買特買，他卻不敢碰。後來轉到內湖養牛，基隆河尚未截彎取直，河邊土地一坪五、六百元。他的結拜兄弟大肆購買，同時勸他賣掉西螺農田，搶購內湖土地，保守的他始終下不了手。當年跟他一起買賣牛隻的結拜兄弟，如今個個身價上百億，只有爸爸守著西螺的田地。

二〇二三年的農曆年間，媽媽開心多喝了兩杯威士忌，突然呼吸困難，送到雲林基督教醫院急救，昏迷了將近三周。後來媽媽轉到彰化基督教醫院治療，爸爸來探望。我跟陳穆寬院長提到爸爸說話越來越困難，請他順便檢查，沒想到竟發現已罹患喉癌。

世代的寄託，延續家族驕傲

罹患喉癌的爸爸鼓起勇氣接受電療，身體卻越來越虛弱，說話也越來越困難，很難聽懂他想說什麼。

這些年，爸爸以我的表現爲榮，經常在外人面前提起我。我發現他其實很在乎我，所以我也固定每天中午打電話問候他。即使在他生命末期、說話不清楚的時候，我仍然試著從電話中聽出他想說的話。

在爸爸走向生命終點的最後一個月，我三度回西螺看他，強烈感受到他很用力試著說話。最後一次，他費盡氣力對我說：「你很孝順，手指比一個讚！」我緊緊握住他的手，眼淚不停流下來。

爸爸經常感嘆自己生不逢時，雖然遇到許多絕佳機會，卻總是在關鍵時刻打退堂鼓。不過，他很欣慰地告訴我，這一生最得意的是養出兩個出色的兒子，還有兩個留在家鄉的孝順女兒。

從高中起，我就獨自在台北求學，跟爸爸相處的時間並不長。我一直覺得爸爸很嚴肅，看到他就躲得遠遠的，後來一位精通紫微斗數的長輩說我跟他就是「緣淺」。從求學到工作，雖然跟爸爸相處的時間很少，但我一直力爭上游，不想讓爸爸失望。

在成長的道路上，雖然爸爸的嚴肅讓我不敢親近，但他始終站在我背後；在長大的過程，雖然爸爸一路支持我，我卻始終感覺他離我很遙遠。

即使如此，他仍是我一生的寄託……

我在花蓮考察途中收到妹妹的簡訊：「爸爸危急，已叫救護車！」很快地，爸爸失去生命跡象，我知道告別的時刻到來了。

二〇二四年一月十六日上午，爸爸外出曬太陽，吃了一些八寶粥和香蕉，抬頭看看天空，然後就安詳離世了。他終於走完辛苦持家、照顧姊妹、培育子女、肩負重任的八十五個年頭。

我從花蓮趕回西螺，大聲喚著這個讓我上大學前叫不出口、如今已永遠沉睡的爸爸：

您已走完人生的完美旅程，爲家族興旺奉獻了一生力氣，現在可以歇歇腳，到天堂國度享福了。希望您在天上繼續守護謝家，媽媽每天都會思念您，兩個兒子、兩個女兒、十一個孫女孫兒都會永遠愛您。感謝您這一生爲我們付出和努力，我們會記得您爲我們留下的一切。

永別了，爸爸，我們會繼續努力，讓您以我們爲傲！

World Map

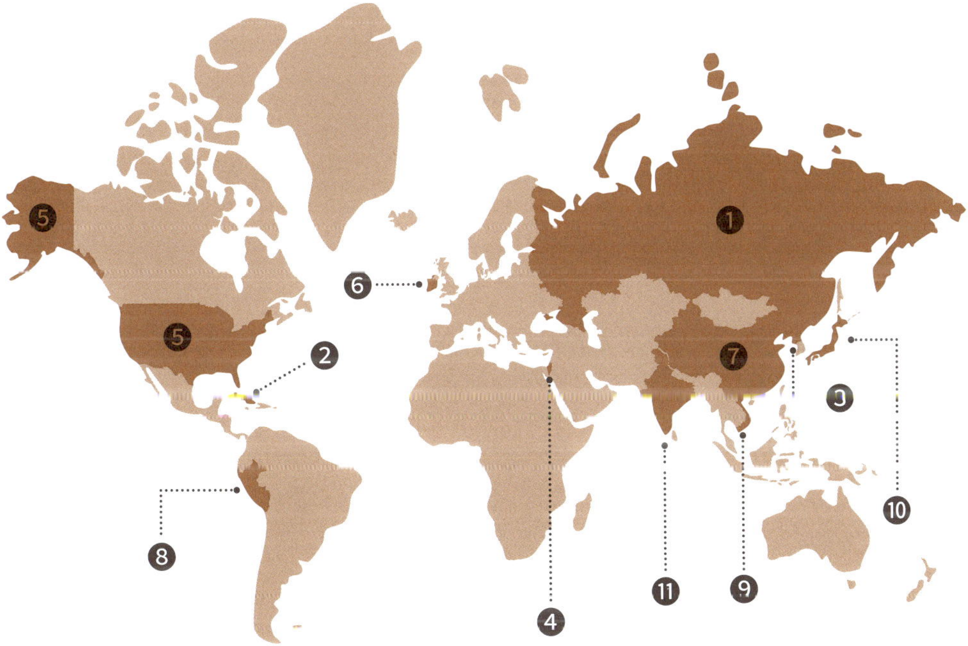

❶ 俄羅斯（Russia）
❷ 古　巴（Cuba）
❸ 北　韓（North Korea）
❹ 以色列（Israel）
❺ 美　國（United States）
❻ 愛爾蘭（Ireland）
❼ 中　國（China）
❽ 秘　魯（Peru）
❾ 越　南（Vietnam）
❿ 日　本（Japan）
⓫ 印　度（India）

生活 08

老謝的世界紀行

有時旅遊，有時投資

作　　者　謝金河
文字協力　郭顯煒
總 編 輯　李珮綺
資深主編　李志威
特約主編　蔡緯蓉
封面設計　林木木
內文排版　陳姿伃
內文插圖　李正亞（Hank Lee）
校　　對　李志威、蔡緯蓉
企畫副理　朱安棋
行銷企畫　江品潔
業務專員　孫唯瑄
印　　務　詹夏深

發 行 人　梁永煌
出 版 者　今周刊出版社股份有限公司
地　　址　台北市中山區南京東路一段 96 號 8 樓
電　　話　886-2-2581-6196
傳　　真　886-2-2531-6438
讀者專線　886-2-2581-6196 轉 1
劃撥帳號　19865054
戶　　名　今周刊出版社股份有限公司
網　　址　http://www.businesstoday.com.tw

總 經 銷　大和書報股份有限公司
製版印刷　緯峰印刷股份有限公司
初版一刷　2024 年 11 月
定　　價　450 元

國家圖書館出版品預行編目 (CIP) 資料

老謝的世界紀行 : 有時旅遊 , 有時投資 / 謝金河著 . -- 初版 .
-- 臺北市 : 今周刊出版社股份有限公司 , 2024.11
336 面 ;14.8X21 公分 . -- (生活 ; 8)
SBN 978-626-7589-02-1(平裝)

1.CST: 國際經濟 2.CST: 投資 3.CST: 世界地理

552.1　　113014593